Christian Teubner
Desserts

So schmeckt's noch besser...

Christian Teubner

Desserts

Das neue Bildkochbuch – jedes Rezept mit Farbfoto

Gräfe und Unzer

Inhalt

Ein Wort zuvor 6

Historisches und Praktisches 7

Die Geschichte des Zuckers 7
Qualität hat Vorrang 7
Saison für Früchte 7

Klassische Dessertsaucen 8

Vanillesauce oder
»Englische Creme« 9
Echte Vanillesauce 9
Gebundene Vanillesauce 9
Weinschaumsauce 10
Französischer Sabayon 10
Italienischer Zabaione 10
Österreichisches Wein-
chaudeau 10
Warme Schokoladensauce 13
Erdbeersauce 13
Heiße Himbeersauce 13

Beliebte Flammeris 14

Vanilleflammeri 14
Schokoladenflammeri 14
Karamelflammeri 14
Reis Trauttmansdorff
mit Erdbeeren 16
Grießflammeri mit
Traubenkompott 16

Die feinsten Cremes 18

Crème au caramel 19
Vanille-Cremetöpfchen 20
Schokoladen-Cremetöpfchen 20

Krokant-Cremetöpfchen 20
Bayerische Creme »Erdbeer« 22
Bayerische Creme
»Schokolade« 22
Orangen-Wein-Creme 24
Rotweincreme 24
Mousse au chocolat 26
Schokoladenschaum mit
Sauerkirschen 26
Schokoladenschaum mit
Orangenfüllung 26
Schokoladencreme 28
Kaffeecreme mit
Schaumblümchen 28

Aus Quark und Joghurt 30

Tirami su 30
Zuppa inglese 30
Erdbeer-Joghurt-Creme 32
Orangen-Joghurt-Creme 32
Joghurt-Fruchtdessert 34
Limetten- oder Zitronencreme mit
Ingwer 34
Pfirsich-Quark-Creme 34

Die besten Obst-desserts 36

Erdbeercharlotte 36
Rote Grütze mit Sahne 38
Apfelgrütze mit roten
Stachelbeeren 38
Rhabarberkompott mit
Mandelbaiserhaube 40
Aprikosen in Weißwein 40
Pfirsiche in Rotwein 40
Obstsalat-Variationen 42
Melonensalat 42
Papaya-Kiwi-Salat mit
Rotweinsauce 42

Früchte mit Schokoladen-
sauce 42
Obstsalat mit Orangensauce 43
Komposition mit Kaki und
Feige 43
Gefüllte Pfirsiche mit
Mandelsauce 46
Vanilleeis-Baiser mit
Nougatsauce 46
Mini-Obsttörtchen 48

Warme Nachspeisen 50

Äpfel im Schlafrock 50
Eingebackene Birnen 50
Vanilleäpfel 52
Apfelküchle 52
Gefüllte Bratäpfel 52
Böhmische Liwanzen 54
Quarkfüllung 54
Preiselbeerfüllung 54
Dukatenbuchteln 56
Mohnbuchteln 56
Mohnfüllung 56
Savarins 58
Apfelstrudel 60

Knödel, Crêpes, Eierkuchen 62

Quarkknödel 62
Zwetschgenröster 62
Powidlknödel 62
Marillenknödel 64
Powidltascherln 64
Crêpes-Grundrezept 67
Crêpes mit Himbeer-Orangen-
Sauce 68
Crêpes Suzette 68
Crêpes mit Ahornsirup und
Walderdbeeren 68
Topfenpalatschinken 70

Inhalt

Aprikosenpalatschinken 70
Schokoladenpalatschinken 70
Schaumomelette mit Kirschen 72
Schaumomelette mit Ananas-
kompott oder mit gemischten
Früchten 72
Kaiserschmarren 72

Soufflé und Pudding 74

Vanillesoufflé 75
Schokoladensoufflé 75
Nockerln auf Kompott 76
Salzburger Nockerln 76
Nockerln mit Preiselbeer-
kompott 76

Schokoladenpudding mit Schlag-
sahne und Preiselbeersauce 78
Preiselbeersauce 78
Gewürzpudding 78
Sächsischer Pudding 80
Pfefferkuchenpudding 80

Feine Eisdesserts 82

Walnußeis auf Ingwerschaum 82
Obstsalat mit Kirscheis 82
Himbeerkompott mit Eis 82
Fruchtsorbets 84
Kokosnußsorbet 84
Kiwisorbet 84

Johannisbeersorbet 84
Granités 86
Rotweingranité mit Früchten 86
Pfefferminzgranité 86
Granité von Walderdbeeren 86
Orangen-Eissoufflé 88
Erdbeer-Eissoufflé 88
Mokka-Eissoufflé 88
Sahneeis »Fürst Pückler« 90
Walnußparfait 90
Eisparfait im Baisermantel 92
Baiser-Schwäne mit Eisparfait 92

**Alphabetisches
Rezeptregister** 94

Ein Wort zuvor

Das süße Dessert wird wieder geliebt und geschätzt – und dieses neue farbige Bildkochbuch will alle Dessertwünsche erfüllen: von der klassischen Creme, dem einfachen Flammeri über Joghurtspeisen und Obstsalate bis zum feinen Soufflé und köstlichen Eis. »So schmeckt's noch besser«, wird man Ihnen versichern, wenn Sie ein schönes, harmonisches Essen mit einer der süßen Nachspeisen abschließen. Das liegt daran, daß nach mehr oder minder pikanten Gängen die süße Nachspeise als sehr angenehm empfunden wird. Sie ist die Krönung eines gelungenen Mahles und für die Köchin oder den Koch Ansporn, dafür etwas ganz Feines zu bieten.

Schon die Griechen und Römer hatten das süße Dessert auf ihrem Speisezettel, wenngleich es oft nicht nur am Ende eines Mahles gereicht wurde, sondern manchmal auch als erfrischender Zwischengang. Das wird übrigens durchaus erfolgreich heute wieder bei Menüs mit 5 bis 6 Gängen praktiziert. Die Desserts jener Zeiten, Inbegriff von größtem Luxus und höchsten Wonnen, wurden mit Honig gesüßt, oder man nützte die natürliche Süße der reifen Früchte.

Das süße Dessert, wie wir es kennen und wie es heute ganz selbstverständlicher Bestandteil unserer Speisenfolge ist, hat eine vergleichsweise junge Tradition in der Geschichte der Kochkunst. Sie ist eng verknüpft mit der Entdeckung und Verbreitung des Zuckers. Der Patissier wurde in der Hierarchie der Köche zum zweitwichtigsten Mann. Im 18.Jahrhundert herrschte eine wahre Zuckereuphorie, und oft wurde des Guten zuviel getan, wie Dessertrezepte aus jener Zeit bezeugen. Inzwischen hat man gelernt, mit Zucker maßvoll umzugehen und feine Desserts auch wieder mit Honig zu zaubern.

Das Repertoire der großen Kochkunst hat seine »Klassiker«, die sämtlichen Revolutionen in der Küche standgehalten haben und auf deren Basis auch die reformierten Rezepte aufbauen. Das gilt gleichermaßen für die Desserts. Die englische Creme (siehe Seite 9) ist so ein Beispiel; ohne sie sind sehr viele feine Dessertzubereitungen kaum denkbar. Mit den Soufflés, den Flammeris und den hauchdünnen Crêpes ist es ähnlich. Die Grundrezepte finden Sie in diesem Buch, zum Teil in Bildfolgen genau erklärt. Sie sollen die Basis für eigene Kreationen sein.

Ich habe Ihnen auch die wichtigsten Rezepte für Teige, für Saucen und Puddings aufgeschrieben. Mit Früchten und würzenden Zutaten wie Schokolade, Nüssen, Mandeln und so weiter ergeben sich schier unendliche Kombinationsmöglichkeiten. Viele der großen Farbfotos zeigen mehrere Varianten. Meine praktischen Tips werden darüberhinaus dazu beitragen, daß alles sicher gelingt.

Das gesteigerte Bedürfnis nach kultiviertem Essen hat auch dem süßen Dessert wieder den Stellenwert verliehen, der ihm gebührt, nämlich der glänzende Abschluß eines gelungenen Mahles zu sein. Luftige Cremes, Früchte mit Joghurt und Quarkspeisen werden den Wünschen nach leichter Küche gerecht. Internationale und klassische Spezialitäten bieten für jeden Anlaß das Richtige. Probieren Sie es selbst! Lassen Sie sich vom Anblick der Farbfotos und den verführerischen Rezepten anregen.

Ich wünsche Ihnen dazu viel Vergnügen und Genuß!

Ihr
Christian Teubner

Schon in frühesten Beschreibungen werden Früchte als Abschluß eines Gastmahles erwähnt. Ramses II. hat um 1200 v. Chr. mit Apfelplantagen im Nildelta Ruhm erlangt. Die Apfelsine, der »Apfel aus China«, soll bereits um 800 v. Chr. in den hängenden Gärten der Semiramis in Babylon geduftet haben. Bei Homer und Ovid hören wir von Datteln, Rosinen, Feigen. Die Römer brachten die Kirsche vom Schwarzen Meer bis an den Rhein und nach Britannien. Früchte, die heute selbstverständlich in unseren Gärten wachsen, waren seinerzeit »Exoten«, die man schätzen lernte. Man servierte die fremden Köstlichkeiten sozusagen als die ersten Desserts.

Die Geschichte des Zuckers

Obwohl bereits Alexander d. Gr. das Zuckerrohr in Indien kennenlernte und es mit dem Islam nach Westen wanderte, wurde Zucker für die europäisch-abendländische Küche erst seit den Kreuzzügen zu einem Begriff. Doch er war damals nur ein kostspieliges Gewürz, eine exotische Rarität. Erst nachdem Kolumbus Zuckerrohrpflanzen nach Westindien gebracht hatte und dort Plantagen angelegt wurden, begann Zucker populär zu werden. Aber er blieb auch jetzt noch teuer. Im 18. Jahrhundert gelang es zwei Berliner Chemikern, Zucker aus unseren heimischen Rüben zu gewinnen. Nun wurde er für jedermann erschwinglich. Dies war der eigentliche Beginn der Dessert-Geschichte.

Qualität hat Vorrang

Wie bei jeder guten Küche, so ist Qualität auch bei den Desserts unbedingt wichtig. Nur frische, einwandfreie Produkte garantieren ein gutes Ergebnis. Man denke an so zarte Süßspeisen wie die Crème au caramel oder die englische Creme. Nur wirklich frische Milch, Sahne, Eier und echte Vanille können diesen unverwechselbaren Geschmack ergeben. Wenn es Probleme macht, Frischprodukte zu erstehen, weil heute manchmal mehr auf Haltbarkeit als auf Frische Wert gelegt wird, und vor allem, wenn es schnell gehen soll, würde ich in Ausnahmefällen eher für einen Flammeri aus der Tüte plädieren; auf der Tüte heißt er dann »Pudding«. Da weiß man, was man hat. Für ein wirklich hervorragendes Dessert sollten Sie aber unbedingt nur ganz frische Zutaten nehmen, denn da merkt man's, was man nicht hat!

Saison für Früchte

Obst ist die frischeste und natürlichste Zutat für Desserts und eigenständige Nachspeise zugleich. An frischen, reifen Beeren ist einfach nichts zu verbessern, es sei denn, man hilft der Süße mit etwas Zucker nach. Ein »Fertigdessert«, wie man es sich feiner kaum vorstellen kann. Aber die Beeren können natürlich auch würzende Zutat in einer Creme sein oder püriert zu Sauce verarbeitet werden.

Obst aus heimischem Anbau und »Exoten« aus fernen tropischen Ländern stehen uns heute fast das ganze Jahr über zur Verfügung, in bester Qualität, höchstens mit beträchtlichem Preisunterschied. Trotzdem sollten Sie wählerisch sein. Kaufen Sie das Obst zur Erntezeit, wenn es vollreif auf dem Markt ist, also Erdbeeren im Juni, Pflaumen im September, Birnen und Äpfel im Oktober, wenn die späten Sorten reif sind. Dazu kommen die Beeren, am besten natürlich frisch aus dem Garten – und Wildfrüchte, die Sie vielleicht selbst sammeln. Im Winter genießen wir Zitrusfrüchte, und die Zwischenzeiten kann man »mit Exoten füllen« – die sich meist auch sehr gut mit einheimischem Obst vertragen.

Auch die Tiefkühltruhe ermöglicht uns ganzjährig die Verwendung der meisten Früchte. Allerdings dürfen wir nie vergessen, daß sie keine vollwertige Alternative zu frischem Obst sein können. Ganz anders ist es mit eingemachtem Obst, dem Kompott oder auch den Früchten in Alkohol. Damit kann man trefflich arbeiten, und manches Dessertrezept verlangt geradezu danach.

Vanillesauce oder »Englische Creme«

Eine große Zahl feiner Desserts wäre ohne Vanillesauce gar nicht denkbar, so zum Beispiel Kompott, gestürzte Cremes, Flammeris, auch ein Apfelstrudel oder die berühmten Wiener Buchteln.

Es gibt zwei Möglichkeiten, eine Vanillesauce zu bereiten: Die »echte Vanillesauce«, auch »Englische Creme« genannt, besteht nur aus Eigelb, Zucker und Milch. Sie erhält ihre zarte Bindung ausschließlich durch die Eigelbe. Diese dickflüssige Sauce oder Creme ist auch, in unterschiedlicher Zusammensetzung, die Grundcreme für andere Desserts wie zum Beispiel die »Bayerische Creme« (Rezept Seite 22).

Als zweite Möglichkeit gibt es die mit Stärke gebundene Vanillesauce. Obwohl sie geschmacklich nie die Qualität der »echten Vanillesauce« erreicht, so hat sie doch vor allem dort ihre Berechtigung, wo an Eigelben oder Zucker gespart werden soll.

Echte Vanillesauce

Zutaten für 4 Portionen:
6 Eigelbe
100 g Zucker
½ l Milch
½ Vanilleschote

Zubereitungszeit: 30 Minuten

Bild 1: Die Eigelbe sorgfältig von den Eiweißen trennen, in eine Schüssel geben und mit dem Zucker verrühren.

Bild 2: Die Eigelbcreme mit dem Schneebesen langsam cremig rühren, bis der Zucker aufgelöst ist und die Masse eine hellgelbe Farbe hat. Möglichst kein Handrührgerät verwenden, damit die Creme nicht schaumig wird.

Bild 3: Die Milch mit der aufgeschnittenen Vanilleschote einmal aufkochen lassen. Die Schote entfernen, das Mark in die heiße Milch abstreifen und diese langsam unter die Eigelbcreme rühren.

Bild 4: Die Creme in eine Kasserolle gießen und auf dem Herd wieder erhitzen. Dabei mit einem Holzspatel gleichmäßig und langsam bewegen, damit sie nicht am Topfboden anhängen kann.

Bild 5: Die Creme so lange erhitzen, bis sie dickflüssig wird. Man merkt dies genau beim vorsichtigen Rühren. Hebt man den Holzspatel heraus, so muß sie leicht angedickt darauf liegenbleiben. Auf keinen Fall darf die Creme zum Kochen kommen!

Bild 6: Die Vanillesauce durch ein feines Haarsieb passieren, damit auch kleinste Klümpchen zurückbleiben, die sich aus Eiweißresten gebildet haben könnten.

Variante: Gebundene Vanillesauce

Von ½ l Milch 2–3 Eßlöffel zum Anrühren der Speisestärke abnehmen und den Rest mit 40 g Zucker und ½ längs aufgeschnittenen Vanilleschote zum Kochen bringen. Inzwischen 45 g Speisestärke mit der zurückbehaltenen Milch und 2 Eigelben gut verrühren. Die Vanilleschote aus der kochenden Milch nehmen. Das Mark in die Milch abstreifen und die Flüssigkeit unter kräftigem Rühren mit der angerührten Stärke binden. Die Sauce einige Male aufwallen lassen und dann kalt rühren.

Die Menge ergibt 4 Portionen.

Weinschaumsauce

Alle Weinschaumsaucen können durchaus eigenständige Desserts sein, die in Gläsern mit einem Löffelbiskuit serviert werden. Man reicht sie aber auch als Sauce zu anderen Desserts wie Cremes oder Früchten. Weinschaumsaucen sind international verbreitet und werden in den einzelnen Ländern unterschiedlich hergestellt. In Frankreich heißt die Sauce »Sabayon« und wird mit Weißwein, Burgunder oder auch Champagner zubereitet. In Italien ist es der bekannte »Zabaione«. In Österreich wird sie nicht ganz korrekt meist »Wein-Chaudeau« (von französisch chaud = warm) genannt – denn sie wird überwiegend kalt serviert.
Weinschaumsaucen sind sehr unkompliziert in der Herstellung, und es gibt eine ganze Menge sehr wohlschmeckende Varianten. So werden oft der Saft und die abgeriebene Schale von Zitrusfrüchten zugesetzt, manchmal auch konzentrierter Fruchtsirup von Himbeeren, Erdbeeren oder Aprikosen. Der Wein sollte allerdings immer geschmacklich dominierend bleiben.

Französischer Sabayon

Im Bild hinten

Den französischen Sabayon bereitet man nur mit Eigelb, Zucker und sehr trockenem Weißwein oder Champagner zu. Eine Ausnahme bildet der Burgunder-Sabayon; dafür wird ein bouquetreicher, voller roter Burgunder verwendet.

Zutaten für 4–8 Portionen als Saucenbeigabe über Desserts:
6 Eigelbe
180 g Zucker
¼ l bester trockener Weißwein

Zubereitungszeit: 20–25 Minuten

Die Eigelbe und den Zucker in eine Schüssel geben und mit dem Schneebesen cremig rühren. Dann erst die Schüssel in ein Wasserbad setzen (sie sollte gut hineinpassen, damit beim Schlagen kein Wasser in die Sauce spritzen kann). Das Wasser darf nicht kochen, sondern soll gerade unter dem Siedepunkt gehalten werden. Den Wein zur Eigelb-Zucker-Mischung gießen und mit dem Schneebesen kräftig schlagen, bis die Creme schaumig ist und etwa das Doppelte an Volumen zugenommen hat.
Dann die Schüssel aus dem Wasserbad nehmen und in eine vorbereitete zweite Schüssel mit Eiswasser stellen. Mit dem Schneebesen weiterschlagen, bis die Sauce abgekühlt ist. Das Eiswasser bewirkt, daß die Sauce schnell abkühlt und nicht zu sehr an Volumen verliert, also entsprechend schaumig bleibt.
Aus diesem Sabayon kann man herrliche schnelle Desserts zaubern, indem man ihn mit frischen gehackten Früchten wie zum Beispiel Erdbeeren oder Himbeeren mischt und in Gläsern sofort serviert.

Italienischer Zabaione

Im Bild vorne

Zutaten für 4–8 Portionen:
3 Eigelbe · 1 Ei
120 g Zucker
8 cl Marsala

Zubereitungszeit: 20 Minuten

Die Zubereitung ist identisch mit der des französischen Sabayon. Anstelle des Weißweins wird der sizilianische Marsala verwendet.

Variante: Österreichisches Weinchaudeau

Diese Sauce ist etwas leichter und sollte deshalb immer sofort serviert werden, da sonst ihr ganzer Charme verlorengeht.
Sie brauchen dafür 2 Eigelbe, 1 Ei, 120 g Zucker und ¼ l trockenen Weißwein. Alle Zutaten in einer entsprechend großen Schüssel im Wasserbad warm schlagen, dann herausnehmen und auf Eiswasser kalt schlagen.
Die Menge ergibt 4–8 Portionen.

Viele Desserts werden mit einer guten Sauce erst so richtig schmackhaft. Vor allem kann man mit einer solchen feinen Beigabe unzählige neue Variationen erfinden. Auch kann man mit einer guten Sauce den Dessertteller optisch hervorragend aufwerten. Das folgende Beispiel einer Schokoladensauce mit Sahne zeigt, wie einfach es ist, sie attraktiv anzurichten. Darüber hinaus lassen sich auch kalte Desserts mit warmen Saucen kombinieren oder umgekehrt warme Desserts mit kalten Saucen.

Warme Schokoladensauce

Sie kann auch kalt serviert werden, jedoch muß man dann den Sahneanteil um die Hälfte erhöhen. Sie wird dadurch etwas milder und natürlich heller.

Zutaten für 8 Portionen:
¼ l Sahne
30 g Honig
1 Vanilleschote
200 g bittere Schokolade
Zum Garnieren:
2–3 Eßl. Sahne

Zubereitungszeit: 25–30 Minuten

Bild 1: Die Zutaten vorbereiten.

Bild 2: Die Sahne mit dem Honig in eine entsprechend große Stielkasserolle geben, die Vanilleschote mit einem kleinen Messer aufschneiden und das Mark herausschaben. In die Sahne geben und einmal aufkochen lassen.

Bild 3: Die Schokolade etwas zerkleinern und im Wasserbad auflösen.

Bild 4: Unter die aufgelöste Schokolade die heiße Sahne rühren.

Bild 5: Die Sauce kann nun heiß auf den Teller gebracht werden oder, wenn es zu dem gewünschten Dessert besser paßt, auch kalt. Um ein Muster, wie auf dem Bild gezeigt wird, zu erreichen, werden 2–3 Eßlöffel Sahne in einer Tasse mit einer Gabel leicht angeschlagen, damit die Sahne nicht ganz dünnflüssig ist, und in eine Spritztüte aus Pergamentpapier gefüllt. Damit wird eine Spirale auf die Sauce gezogen. Natürlich geht es auch ohne eine Papiertüte. Die Sahne kann mit einem Löffel aufgetragen werden, jedoch wird dann die Spirale meist nicht ganz so gleichmäßig.

Bild 6: Mit einem Messerrücken oder Löffelstiel die Sahnespirale von innen nach außen verziehen.

Die Schokoladensauce kann gut einige Tage im Kühlschrank aufbewahrt werden.

Variante: Erdbeersauce

250 g vollreife Erdbeeren waschen, abzupfen, pürieren und durch ein Sieb streichen. 60 g Zucker mit 6 cl Wasser zum Kochen bringen. Die in Streifen geschnittene Schale von ½ Orange (Schale unbehandelt) zugeben, etwa 2 Minuten einkochen lassen; dann 2 cl braunen Rum zusetzen. Die erkaltete Mischung mit dem Erdbeerpüree verrühren.
Die Menge ergibt 4–6 Portionen.

Variante: Heiße Himbeersauce

200 g vollreife, frische Himbeeren pürieren und passieren. 80 g Zucker und 8 cl kräftigen roten Burgunderwein mit einem kleinen Stückchen Zitronenschale (Schale unbehandelt) aufkochen. Das Himbeerpüree zugeben und 3–4 Minuten einkochen. Die Sauce kann auch kalt serviert werden.
Die Menge ergibt 4–6 Portionen.

Beliebte Flammeris

Vanilleflammeri

Im Bild vorne

Zutaten für 4 Portionen
(4 Förmchen zu je ⅛ l Inhalt):
40 g Speisestärke
2 Eigelbe · 100 g Zucker
½ l Milch · 1 Vanilleschote
2 Blatt weiße Gelatine
Für die Sauce:
200 g vollreife Himbeeren
80 g Zucker
8 cl roter Burgunderwein
1 Stückchen Zitronenschale
(Schale unbehandelt)
Zum Garnieren:
⅛ l steife Schlagsahne

Zubereitungszeit: 50 Minuten
Kühlzeit: 2 Stunden

Die Speisestärke mit den Eigelben, dem Zucker und etwas Milch gut verrühren. Die restliche Milch mit der aufgeschnittenen Vanilleschote aufkochen. Die Schote herausnehmen, dabei das Vanillemark in die Milch abschaben. Die Gelatine in etwas kaltem Wasser einweichen. Die angerührte Stärke-Eigelb-Mischung in die Milch rühren und alles unter ständigem Rühren durchkochen lassen. Vom Herd nehmen und die gut ausgedrückte Gelatine darunterrühren, bis sie ganz aufgelöst ist. Die Masse in die kalt ausgespülten Förmchen füllen und kühlen.
Für die Sauce die Himbeeren pürieren und passieren. Den Zucker und den Rotwein mit der Zitronenschale aufkochen, das Himbeerpüree zugeben und 3–4 Minuten einkochen lassen.
Die Flammeris stürzen, mit der Sauce übergießen und mit Sahnerosetten garnieren.

Schokoladen-flammeri

Im Bild in der Mitte

Zutaten für 4 Portionen:
40 g Speisestärke
2 Eigelbe · 100 g Zucker
½ l Milch · ½ Vanilleschote
60 g Kuvertüre
2 Blatt weiße Gelatine
Für die Sauce:
½ Ananas (200 g Fruchtfleisch)
¹⁄₁₆ l Zuckersirup
¼ Vanilleschote · 1 cl Cognac
Zum Garnieren:
⅛ l steife Schlagsahne
1 Eßl. gehackte Pistazien

Zubereitungszeit: 50 Minuten
Kühlzeit: 2 Stunden

Die Flammeris wie im nebenstehenden Rezept zubereiten. Die Kuvertüre im Wasserbad auflösen und in die Milch geben, bevor die Stärke-Mischung eingerührt wird. Für die Sauce ⅔ vom Ananasfruchtfleisch pürieren. Den Zuckersirup mit der Vanilleschote aufkochen und darin das restliche Fruchtfleisch in kleinen Stücken 1–2 Minuten kochen. Den Cognac und das Ananaspüree zugeben; erkalten lassen.

Die Flammeris mit Schlagsahne und Pistazien garnieren und mit der Sauce umgießen.

Karamelflammeri

Im Bild hinten

Zutaten für 4 Portionen:
40 g Speisestärke
2 Eigelbe · 100 g Zucker
½ l Milch · ½ Vanilleschote
60 g Zucker
¹⁄₁₆ l Wasser
2 Blatt weiße Gelatine
Für die Sauce:
1 Glas Sauerkirschen
(Abtropfgewicht 370 g)
20 g Zucker · 1 Zimtstange
20 g Speisestärke
Zum Garnieren:
⅛ l steife Schlagsahne

Zubereitungszeit: etwa 1 Stunde
Kühlzeit: 2 Stunden

Die Flammeris wie im nebenstehenden Rezept zubereiten. Aus 60 g Zucker mit dem Wasser Karamel kochen (siehe Seite 19). Zur Milch geben, bevor die Stärkemischung eingerührt wird.
Die Kirschen abtropfen lassen. Den Saft mit dem Zucker und der Zimtstange aufkochen. Mit der kalt angerührten Speisestärke binden. Die Kirschen zugeben, nochmals aufwallen und dann erkalten lassen.
Die Flammeris mit der Sauce und mit Schlagsahne garnieren.

Reis Trauttmansdorff mit Erdbeeren

Im Bild vorne

Dieses traditionelle Reisdessert kann auf mancherlei Art abgewandelt werden, zum Beispiel mit Kompottfrüchten wie Sauerkirschen, Pflaumen, Aprikosen oder Stachelbeeren. Auch gezuckerte frische Früchte passen bestens, vor allem Mangos, Walderdbeeren und Heidelbeeren.

Zutaten für 4–6 Portionen:
1 Vanilleschote
½ l Milch
120 g Langkornreis
50 g Zucker · 1 Prise Salz
250 g frische Erdbeeren
Saft von 1 Orange
60 Zucker
2 cl Orangenlikör
¼ l Sahne
Zum Garnieren:
4–6 Erdbeeren

Zubereitungszeit: etwa 1 Stunde und 30 Minuten

Die Vanilleschote längs aufschneiden und das Mark herausschaben. Die Schote, das Mark und den Reis in die Milch geben. Zum Kochen bringen und zugedeckt bei milder Hitze etwa 1 Stunde ausquellen lassen. Dann 50 g Zucker und das Salz unterrühren und die Masse erkalten lassen.

In der Zwischenzeit die Erdbeeren waschen, trockentupfen, entstielen und je nach Größe halbieren oder vierteln. 60 g Zucker mit dem Orangensaft aufkochen, dann den Orangenlikör zugießen. Die Erdbeeren in die Flüssigkeit geben und einmal aufkochen lassen.

Die Sahne sehr steif schlagen und unter die erkaltete Reismasse heben. Abwechselnd Reis und abgekühlte Erdbeeren in Portionsschälchen schichten und jede Portion mit einer frischen Erdbeere garnieren.

Grießflammeri mit Traubenkompott

Im Bild hinten

Zutaten für 4–6 Portionen (1 Kranzform von 1,25 l Inhalt):
½ l Milch · ½ Vanilleschote
50 g Grieß
8 Blatt weiße Gelatine
4 Eigelbe
125 g Zucker · ⅜ l Sahne
2 Eßl. Puderzucker
Für die Form:
etwas Pflanzenöl
Für das Kompott:
¼ l trockener Weißwein
60 g Zucker
Schale von ½ Zitrone
(Schale unbehandelt)
½ Zimtstange
2 Teel. Speisestärke
400 g Weintrauben

Zubereitungszeit:
Flammeri 40–50 Minuten,
Kompott 15 Minuten
Kühlzeit: 4–5 Stunden

Die Milch mit der aufgeschnittenen Vanilleschote aufkochen, durch ein feines Sieb passieren, in den Topf zurückgießen und wieder zum Sieden bringen. Den Grieß unter ständigem Rühren hineinschütten und auf schwacher Hitze so lange weiterrühren, bis die Masse leicht andickt. Dann die eingeweichte, gut ausgedrückte Gelatine unterrühren. Die Eigelbe mit dem Zucker cremig schlagen und nach und nach zur Grießmasse rühren. Auf Eiswasser kalt rühren. Die Sahne mit dem Puderzucker steif schlagen und zum Schluß sorgfältig unterziehen. Die Masse in die dünn eingeölte Form füllen, die Oberfläche glattstreichen und den Flammeri im Kühlschrank in 4–5 Stunden fest werden lassen.

Für das Kompott den Wein mit dem Zucker, der Zitronenschale und der Zimtstange aufkochen. Die Speisestärke mit 2 Eßlöffeln zurückbehaltenem Wein anrühren, in den Wein rühren und durchkochen lassen. Die Weintrauben waschen, trockentupfen, zugeben, einmal aufkochen, dann erkalten lassen.

Den Grießflammeri auf eine Platte stürzen und mit dem Traubenkompott servieren.

Crème au caramel

Diese köstliche Eiercreme gehört zum Standardrepertoire der feinen Küche, und sie ist eigentlich gar nicht so schwierig zu bereiten, wenn man einige Grundregeln sehr exakt beachtet. Dazu gehört, daß die Creme in den Töpfchen im Wasserbad bei gleichbleibender Temperatur gegart wird, ohne daß das Wasser dabei zum Kochen kommt. Ein Thermometer kann hier sehr hilfreich sein.

In der Restaurantküche werden für diese Creme konisch geformte Metalltöpfchen verwendet. Wir können sie aber auch durch Kaffeetassen ersetzen, die nach Möglichkeit einen flachen Boden haben sollten, auf alle Fälle aber nach oben konisch zulaufen müssen, damit sich die Creme leicht stürzen läßt.

Zutaten für 4–6 Portionen:
Für den Karamel:
100 g Zucker
2 cl Wasser
Für die Förmchen:
etwas Öl
Für die Creme:
½ l Milch
½ Vanilleschote
3 Eier
2 Eigelbe
90 g Zucker

Zubereitungszeit: 40 Minuten
Garzeit: etwa 20 Minuten

Bild 1: Für die Karamelschicht den Zucker in einer kleinen Kasserolle schmelzen. Bei guter Hitze nur leicht rühren, bis er am Rand beginnt flüssig zu werden. Dann kräftig rühren, bis der Zucker sich vollständig aufgelöst hat (er soll hellbraun sein). Jetzt das Wasser auf einmal dazuschütten. Der Karamel erstarrt dadurch zu kleinen Klümpchen und muß nun so lange weitergekocht werden, bis er sich wieder aufgelöst hat.

Bild 2: Die Förmchen oder Tassen am Boden ganz leicht mit Öl bepinseln und dann jeweils eine etwa ½ cm dicke Karamelschicht hineingießen. Ein verbleibender Rest kann mit Wasser wieder aufgekocht und kalt als Karamelsauce zu den Desserts serviert werden.

Bild 3: Die Milch mit der längs aufgeschnittenen Vanilleschote aufkochen. In einer Schüssel die Eier und die Eigelbe mit dem Zucker verrühren. Die heiße Milch nach und nach mit dem Schneebesen unterrühren.

Bild 4: Die Creme durch ein sehr feines Sieb gießen, damit kleine Klümpchen von geronnenem Eiweiß (was sich nie ganz vermeiden läßt) ausgefiltert werden.

Bild 5: Die Eiercreme in die mit Karamel ausgegossenen Förmchen füllen. Die Förmchen vorsichtig in einen entsprechend großen Topf mit heißem Wasser setzen und in den auf etwa 180 °C vorgeheizten Backofen schieben. Die Garzeit beträgt etwa 20 Minuten, bis die Creme vollständig gestockt ist. Dabei muß man darauf achten, daß das Wasserbad keinesfalls zum Kochen kommt. Am besten prüft man es die gesamte Garzeit über mit einem Thermometer; es soll 80 °C nicht überschreiten.

Bild 6: Die Förmchen in den Kühlschrank stellen und die Karamelcreme vollständig erkalten lassen. Vor dem Stürzen die Creme mit einem spitzen Messer am Rand vorsichtig lösen. Dann auf vorbereitete Teller stürzen, dabei bleibt der inzwischen aufgelöste Karamel teilweise als hellbrauner Spiegel auf der Cremeoberfläche stehen.

Die feinsten Cremes

In Frankreich nennt man diese feinen Cremetöpfchen »Petits pots de crème« und sie sind wohl das Zarteste, was man sich überhaupt an Eiercreme vorstellen kann. Da sie nicht gestürzt, sondern in den Schälchen serviert werden, brauchen sie auch nur eine minimale Bindung.

Vanille-Cremetöpfchen

Im Bild in der Mitte rechts

Zutaten für 6 Portionen
(6 Soufflèförmchen
zu je 0,12 l Inhalt):
⅜ l Milch · ⅛ l Sahne
½ Vanilleschote · 1 Ei
3 Eigelbe · 90 g Zucker
Zum Garnieren:
Schlagsahne

Zubereitungszeit: 45 Minuten
Garzeit: etwa 20 Minuten

Die Milch mit der Sahne mischen, die längs aufgeschnittene Vanilleschote dazugeben und aufkochen. Das Ei und die Eigelbe mit dem Zucker cremig rühren, aber keinesfalls schaumig schlagen. Die heiße Milch langsam unterrühren. Die Eiermilch durch ein feines Sieb gießen und, falls nötig, von der Oberfläche den Schaum mit einem Löffel abnehmen. Die Creme in sechs Töpfchen (Soufflèförmchen oder Tas-

sen) füllen und in ein Wasserbad (Wassertemperatur 80 °C) stellen, das bis etwa 1 cm unter den Rand der Töpfchen reichen soll. Bei 180 °C im Backofen etwa 20 Minuten garen. Dabei muß das Wasser immer unter dem Siedepunkt gehalten werden (ein Thermometer ist dabei sehr hilfreich); falls nötig, die Ofentemperatur erhöhen oder reduzieren. Gibt die Oberfläche unter leichtem Fingerdruck federnd nach, ist die Creme gar. Die Töpfchen aus dem Wasserbad nehmen und abkühlen lassen. Mit Schlagsahne garnieren.

Schokoladen-Cremetöpfchen

Im Bild vorne

Zutaten für 6 Portionen:
¼ l Milch · ¼ l Sahne
50 g bittere Schokolade
1 Teel. Instant-Kaffee
1 Ei · 2 Eigelbe · 100 g Zucker

Zubereitungszeit: 45 Minuten
Garzeit: etwa 20 Minuten

Die Zubereitung ist identisch mit der Vanille-Grundcreme, jedoch werden mit der Milch und der Sahne die Schokolade und der Instant-Kaffee aufgekocht. Die Mischung wird heiß unter die cremige Eiermasse gerührt, durch ein Sieb gegeben und in die vorbereiteten Töpfchen gefüllt. Wie die Vanille-Cremetöpfchen garen.

Krokant-Cremetöpfchen

Im Bild in der Mitte links

Zutaten für 6 Portionen:
50 g Zucker
30 g gehobelte Mandeln
Vanille-Grundcreme
(siehe nebenstehendes Rezept)
200 g Aprikosen
2 Eßl. Honig · 2 cl Cognac

Zubereitungszeit: 1 Stunde und 10 Minuten
Garzeit: 20 Minuten

Den Zucker in einer Kasserolle schmelzen, die Mandeln zusetzen und die Mischung sofort vom Herd nehmen. Den Krokant auf ein leicht geöltes Backblech schütten und erkaltet fein zerstoßen.
Die Vanille-Grundcreme nur mit 60 g Zucker zubereiten und ganz zum Schluß den Krokant unterrühren. Wie nebenstehend garen.
Die Aprikosen brühen, schälen, entsteinen und in Würfel schneiden. Den Honig und den Cognac in einer kleinen Kasserolle erwärmen, die Aprikosenwürfel hineingeben und weich dünsten. Abgekühlt auf die kalte Creme geben.

Varianten: Auf diese Art kann man Cremetöpfchen beliebig mit Früchten variieren, so paßt zum Beispiel Sauerkirschkompott (im Bild hinten links) ganz hervorragend auf Schokoladencreme.

Die feinsten Cremes

Die Bayerische Creme gehört zu den berühmten internationalen Desserts. Sie kann nach allen Richtungen aromatisiert werden, zum Beispiel mit Kaffee, Schokolade, Nüssen, Mandeln, Pistazien (siehe Einband-Vorderseite) oder mit Früchten.

Bayerische Creme »Erdbeer«

Im Bild vorne

Zutaten für 6 Portionen (6 Förmchen zu je 0,12 l Inhalt):
100 g Erdbeeren
2 EßI. Puderzucker
3 cl Cointreau (Orangenlikör)
3 Eigelbe · 60 g Zucker
¼ l Milch · ½ Vanilleschote
4 Blatt weiße Gelatine
¼ l Sahne
Zum Garnieren:
Schokoladensauce
(Rezept Seite 13)
2–3 EßI. Sahne
einige Melisseblättchen

Zubereitungszeit: 50 Minuten
Kühlzeit: etwa 2 Stunden

Die Erdbeeren waschen, abzupfen, pürieren und mit dem Puderzucker sowie dem Cointreau verrühren.
Die Eigelbe und den Zucker cremig rühren. Die Milch mit der aufgeschnittenen Vanilleschote zum Kochen bringen und noch heiß langsam zur Eigelb-Zucker-Masse geben; dabei ständig rühren. Die Mischung in den Milchtopf zurückgießen, auf den Herd stellen und unter ständigem Rühren so lange erhitzen, bis die Creme beim Herausheben des Kochlöffels leicht angedickt darauf liegen bleibt. Die Creme durch ein feines Haarsieb gießen. Die Gelatine in kaltem Wasser einweichen, gut ausdrücken und in der Creme auflösen; abkühlen lassen.
Die Sahne steif schlagen und unter die fast kalte, leicht dickflüssige Grundmasse ziehen. ⅓ der Creme in die Förmchen füllen. Die restliche Creme mit dem Erdbeermark verrühren und in einen Spritzbeutel mit Lochtülle füllen. Die Tülle etwa 1 cm tief in die Vanillecreme stecken und die Erdbeercreme hineindrücken. Dadurch verteilt sich die Vanillecreme am Rand. Im Kühlschrank etwa 2 Stunden erstarren lassen. Vor dem Servieren die Creme auf Teller stürzen, mit Schokoladensauce umgießen und mit Sahne verzieren, wie auf Seite 12/13 beschrieben. Mit Melisseblättchen garnieren.

Bayerische Creme »Schokolade«

Im Bild hinten

Zutaten für 4 Portionen (4 Förmchen zu je 0,2 l Inhalt):
4 Eigelbe · 120 g Zucker
30 cl Milch (0,3 l)
1 Vanilleschote
4 Blatt weiße Gelatine
30 cl Sahne (0,3 l) · 30 g Zucker
80 g Kuvertüre
3 cl Bénédictine
(französischer Kräuterlikör)
Für die Sauce:
10 cl Rotwein (0,1 l)
1 EßI. Orangensaft
30 g Zucker
1 Stückchen Zimtstange
abgeriebene Schale von
½ Orange (Schale unbehandelt)

Zubereitungszeit: 50–60 Minuten
Kühlzeit: etwa 2 Stunden

Aus den Eigelben, 120 g Zucker, der Milch und der aufgeschnittenen Vanilleschote eine Creme bereiten, wie im nebenstehenden Rezept beschrieben. Die eingeweichte Gelatine darin auflösen. Die Sahne mit 30 g Zucker steif schlagen und unter die kühle, aber noch flüssige Creme rühren. ⅓ Vanillecreme in die Förmchen füllen. Die Kuvertüre im Wasserbad auflösen. Unter die restlichen ⅔ Creme die flüssige, aber fast kalte Kuvertüre und den Bénédictine rühren. In einen Spritzbeutel mit Lochtülle füllen und in die noch weiche Vanillecreme hineindrücken. Im Kühlschrank erstarren lassen.
Den Rotwein, den Orangensaft und den Zucker mit dem Zimt und der Orangenschale einige Minuten einkochen lassen. Die Zimtstange herausnehmen. Die Sauce zu den gestürzten Cremes reichen.

Orangen-Wein-Creme

Im Bild vorne

Zutaten für 4 Portionen:
1 Limette
(Schale unbehandelt)
2 Orangen
(Schale unbehandelt)
¼ l trockener Weißwein
100 g Zucker
3 Eigelbe
5 Blatt weiße Gelatine
½ l Sahne
Zum Garnieren:
2 Orangen
⅛ l Sahne
1 EßI. Zucker
½ EßI. gestiftelte Pistazien

Zubereitungszeit: 40–45 Minuten
Kühlzeit: mindestens 2 Stunden

Von der Limette und den beiden Orangen die Schale sehr dünn abreiben, damit nichts von der weißen Haut mit abgerieben wird. Grundsätzlich dafür nur unbehandelte Früchte verwenden und diese trotzdem vorher unter heißem Wasser abbürsten. Von den abgeriebenen Früchten den Saft auspressen und mit den abgeriebenen Schalen, dem Weißwein, dem Zucker und den Eigelben in einen Topf geben. Unter ständigem Rühren mit dem Schneebesen so lange erhitzen, bis die Mischung einmal aufkocht. Von der Kochstelle nehmen. Die Gelatine in kaltem Wasser einweichen, gut ausdrücken und in die noch heiße Grundcreme rühren. Abkühlen lassen, dabei in Abständen durchrühren, damit die Oberfläche keine Haut bildet.

Die Sahne steif schlagen. Die Grundcreme in eine genügend große Schüssel umfüllen. Wenn sie fast kalt ist, aber noch nicht geliert, die Schlagsahne mit dem Schneebesen unterziehen. Die Creme sofort in Portionsschälchen füllen und im Kühlschrank fest werden lassen.

Die Orangen für die Garnitur mit einem scharfen Messer so schälen, daß nichts von der weißen Haut daran haften bleibt. Die Filets herausschneiden und die Creme damit belegen. Die Sahne mit dem Zucker steif schlagen und damit die Oberfläche der Cremes garnieren. Mit den Pistazien bestreuen.

Rotweincreme

Im Bild hinten

Zutaten für 4 Portionen:
¼ l kräftiger Rotwein
Saft von ½ Zitrone
100 g Zucker
½ Teel. gemahlener Zimt
2 Eigelbe
4 cl Cognac
5 Blatt weiße Gelatine
½ l Sahne
Zum Garnieren:
¼ l Sahne
2 EßI. Zucker
Schokoladenröllchen oder
geraspelte Schokolade

Zubereitungszeit: 35 Minuten
Kühlzeit: mindestens 2 Stunden

Den Rotwein mit dem Zitronensaft, dem Zucker, dem Zimt und den Eigelben in einer entsprechend großen Kasserolle unter ständigem Rühren zum Kochen bringen. Sofort vom Herd nehmen und einige Minuten abkühlen lassen. Dann den Cognac zugeben. Die Gelatine in kaltem Wasser einweichen, ausdrücken und ebenfalls unter die Mischung rühren. Abkühlen lassen.

Dann die Sahne steif schlagen und mit dem Schneebesen unter die kalte, aber noch nicht gelierte Creme rühren. In vier Gläser füllen und vollständig erkalten lassen.

Für die Garnitur die Sahne mit dem Zucker steif schlagen und in einen Spritzbeutel mit Sterntülle füllen. Die vier Rotweincremes damit garnieren und mit der geraspelten oder Röllchenschokolade bestreuen.

Die feinsten Cremes

Mousse au chocolat

Dieser Schokoladenschaum ist eines der berühmtesten klassischen Desserts, aber dennoch recht einfach zuzubereiten. Wichtig sind beste Zutaten, vor allem beste Schokolade.

Zutaten für 4 Portionen:
200 g bittere Schokolade
(Kuvertüre oder
Edelbitterschokolade)
5 Eigelbe
20 g Zucker
⅛ l Sahne
5 Eiweiße
50 g Zucker
2 EßI. extrastarker Kaffee
3 cl Mokkalikör (Tia-Maria)
Zum Garnieren:
⅛ l Sahne
1 EßI. Zucker
etwas geraspelte Schokolade

Zubereitungszeit: etwa 50 Minuten
Kühlzeit: 1–2 Stunden

Die Schokolade in Stücke brechen und im Wasserbad auflösen. In der Zwischenzeit die Eigelbe mit 20 g Zucker schaumig schlagen, bis der Zucker vollständig gelöst ist. Die Sahne steif schlagen. Die Eiweiße mit 50 g Zucker zu steifem Schnee schlagen.
Die so vorbereiteten Zutaten sollten bereitstehen, weil die richtige Temperatur für ein gutes Gelingen der Mousse wichtig ist. Den Kaffee und den Mokkalikör unter die aufgelöste Schokolade rühren, bis sie cremig ist und seidig glänzt. Nun das mit dem Zucker schaumig geschlagene Eigelb unterrühren. Die Masse soll noch lauwarm sein. Die Schlagsahne mit dem Schneebesen unterrühren, sofort anschließend den steifen Eischnee mit einem Kochlöffel vorsichtig unterziehen, damit der Schnee so wenig wie möglich an Volumen verliert.
Die Mousse in eine große Schüssel oder in vier Gläser füllen und, mit Folie abgedeckt, im Kühlschrank erstarren lassen.
Die Sahne mit dem Zucker steif schlagen und die Mousse damit garnieren. Mit geraspelter Schokolade bestreuen.

Variante: Schokoladenschaum mit Sauerkirschen

150 g bittere Schokolade in Stücke brechen und im Wasserbad auflösen. In der Zwischenzeit 3 Eigelbe mit 20 g Zucker schaumig schlagen, bis der Zucker vollständig gelöst ist. ⅛ l Sahne steif schlagen. 3 Eiweiße mit 30 g Zucker zu steifem Schnee schlagen.
2 cl Cognac und 1 Messerspitze gemahlenen Zimt zu der schaumigen Eigelbmasse rühren und diese unter die aufgelöste Schokolade rühren. Die Masse soll noch lauwarm sein, wenn anschließend die steifgeschlagene Sahne mit dem Schneebesen untergerührt wird. Zum Schluß den Eischnee vorsichtig mit einem Kochlöffel unterziehen.
250 g Kompottsauerkirschen in ein Sieb geben und gut abtropfen lassen. Einige schöne Exemplare zum Garnieren zur Seite legen und alle anderen Kirschen auf vier Gläser verteilen. Den Schokoladenschaum darübergießen, und, mit Folie abgedeckt, im Kühlschrank erstarren lassen. Vor dem Servieren mit den zurückgelegten Kirschen garnieren.
Die Menge ergibt 4 Portionen.

Variante: Schokoladenschaum mit Orangenfüllung

2 Orangen (Schale unbehandelt) unter fließendem heißem Wasser abbürsten und die Schale mit 80 g Würfelzucker dünn abreiben. Den Zucker in eine kleine Pfanne geben. Die Orangen schälen, das Fruchtfleisch in Würfel schneiden und zu dem Zucker geben. Mit ⅛ l Weißwein auffüllen. Bei kleiner Hitze etwa 10 Minuten einkochen lassen. 2 cl Cointreau zufügen. In jedes Glas 2 zerkleinerte Löffelbiskuits geben, mit den eingekochten Orangen übergießen und darauf den Schokoladenschaum füllen.
Die Menge ergibt 4 Portionen.

Die feinsten Cremes

Schokoladencreme

Im Bild vorne

Grundlage für dieses ganz besonders leichte Dessert ist eine Creme, zubereitet auf der Basis der englischen Creme (siehe Seite 9), zusätzlich mit Schlagsahne verrührt. Da sie ohne Bindemittel zubereitet wird, ist sie natürlich auch nicht lange haltbar. Sie sollte also nicht länger als 1–2 Stunden im Kühlschrank stehen müssen, bevor sie serviert wird.

Zutaten für 4–6 Portionen:
5 Eigelbe
90 g Zucker
2 cl brauner Rum
½ l Milch
100 g bittere Schokolade
¼ l Sahne

Zubereitungszeit: 50–60 Minuten

Die Eigelbe und den Zucker in einer Schüssel vorsichtig mischen und mit dem Schneebesen cremig rühren. Nicht zu schnell rühren, damit die Masse keinesfalls schaumig wird. Den Rum einrühren. Die Milch in einem Topf erhitzen. Die Schokolade in Stücke brechen, in der heißen Milch auflösen und diese aufkochen lassen. Mit einer Schöpfkelle die noch heiße Milch langsam zur Eier-Zucker-Masse geben. Dabei ständig rühren. Die Creme in den Milchtopf zurückgießen und unter ständigem Rühren erhitzen, aber nicht zum Kochen bringen. Sie ist dann genügend erhitzt, wenn sie beim Herausheben des Kochlöffels leicht angedickt darauf liegenbleibt. Die Creme durch ein feines Haarsieb passieren und abkühlen lassen. Die Sahne steif schlagen und unter die abgekühlte Creme rühren. Die Schokoladencreme in vier vorbereitete Schalen oder Gläser füllen.

Die Oberfläche dieser Schokoladencreme wird dann noch zusätzlich mit etwas leicht angeschlagener frischer Sahne garniert, wie es auf Seite 12/13 bei der Schokoladensauce beschrieben wurde.

Kaffeecreme mit Schaumblümchen

Im Bild hinten

Zutaten für 4–6 Portionen:
6 Eigelbe
100 g Zucker
⅜ l Milch
⅛ l extra starker Mokka
¼ l Sahne
Zum Garnieren:
3 Eiweiße
100 g Zucker
etwas Kakao

Zubereitungszeit: etwa 1 Stunde und 10 Minuten

Die Eigelbe und den Zucker in einer Schüssel mit dem Schneebesen cremig rühren. Die Milch mit dem Mokka in einen Topf gießen und erhitzen. Einmal aufkochen lassen und dann noch heiß langsam zur Eigelb-Zucker-Masse geben. Dabei ständig rühren. Die Creme in den Milchtopf zurückgießen und weiter verfahren wie beim nebenstehenden Rezept. Die fertige Creme in vier vorbereitete Schalen oder Gläser füllen.

Für die Garnitur die Eiweiße zu steifem Schnee schlagen und den Zucker nach und nach einrieseln lassen. Diese Baisermasse in einen Spritzbeutel mit Lochtülle Nr. 7 füllen. Ein Pergamentpapier mit Wasser beträufeln und darauf Blümchen spritzen. In der Zwischenzeit 2–3 l Wasser in einer flachen Kasserolle aufkochen, die Hitze reduzieren, so daß das Wasser gerade unter dem Siedepunkt bleibt. Eine Palette in Wasser tauchen, die Blümchen damit vom Papier nehmen und in das Wasser gleiten lassen. Von jeder Seite 3–4 Minuten garen. Mit dem Schaumlöffel herausnehmen, kurz abtropfen lassen und dann auf die abgekühlte Creme setzen. Mit Kakao besieben.

Tirami su

Ein Rezept mit langer Tradition, das selbst in Italien über Jahrzehnte nicht mehr sehr populär war. Aber plötzlich ist es wieder »in«, und das wohl zu Recht, denn es schmeckt vorzüglich. Tirami su ist sogar so cremig fein, daß man geneigt ist, die Kalorien zu vergessen, die es in sich hat, dank des Mascarpone, dieses speziellen Rahm-Ricotta-Käses. Er wird heute auch bei uns angeboten, vor allem in den Spezialgeschäften mit italienischen Lebensmitteln. Als Ersatz kann man aber auch einen deutschen Frischkäse verwenden, wenngleich das Ergebnis nicht ganz dasselbe ist. Es gibt übrigens zahlreiche Varianten von »Tirami su«; die folgende dürfte eine sehr gute Wahl sein.

Zutaten für 4–8 Portionen:
4 Eigelbe
1 Eßl. Honig
80 g Zucker
250 g Mascarpone
(Rahm-Ricotta-Käse)
100 g Löffelbiskuits
Zum Tränken der Biskuits:
⅛ l starker Mokka
3 Eßl. Zucker
2 cl Cognac
2 cl Tia-Maria (Kaffeelikör)

Zubereitungszeit: 25–30 Minuten
Kühlzeit: mindestens 1 Stunde

Für die Creme die Eigelbe mit dem Honig und dem Zucker so lange schaumig rühren, bis eine cremige, hellgelbe Masse entstanden ist. Dann den Mascarpone darunterrühren.

Eine entsprechend große Schüssel mit einer Schicht Löffelbiskuits auslegen. Den starken Kaffee (Mokka) mit dem Zucker süßen. Den Cognac und den Kaffeelikör darunterrühren. Mit einem Pinsel damit die Löffelbiskuits tränken. Eine Schicht Mascarponecreme auf die Biskuits in die Schüssel füllen und darauf wieder eine Schicht Löffelbiskuits, die mit der Kaffeemischung getränkt werden. In dieser Weise die gesamten Zutaten aufbrauchen. Das Dessert mindestens 1 Stunde im Kühlschrank durchziehen lassen, bevor es serviert wird.

Variante: Zuppa inglese

½ l Milch mit 50 g Zucker aufkochen. Weitere 100 g Zucker mit 2 Eigelben und 2 ganzen Eiern zu einer dickflüssigen Masse schlagen. Die etwas abgekühlte Milch unter Rühren zur Eiercreme gießen. Die Creme in den Milchtopf zurückschütten. Eine aufgeschnittene Vanilleschote dazugeben und die Creme auf kleiner Hitze unter ständigem Rühren bis knapp unter den Siedepunkt bringen. Die Creme darf keinesfalls kochen, da sonst die Eier gerinnen. Von der Kochstelle nehmen und erkalten lassen.

In der Zwischenzeit 50 g bittere Schokolade in sehr kleine Würfel schneiden. 100 g Löffelbiskuits mit 4 cl Rum beträufeln. Die Grundcreme mit 150 g Mascarpone, den Schokoladenwürfeln und 100 g gehackten kandierten Kirschen mischen. Creme und Biskuits lagenweise in eine feuerfeste Schüssel füllen. 3 Eiweiße zu steifem Schnee schlagen, dabei 1 Eßlöffel Zucker langsam einrieseln lassen. Den Eischnee in einen Spritzbeutel mit Sterntülle füllen und die Oberfläche der Creme damit garnieren. Im Backofen bei 250 °C Oberhitze kurz überbakken; der Eischnee darf nur ganz leicht Farbe annehmen.

Die Menge ergibt 4–6 Portionen.

Erdbeer-Joghurt-Creme

Im Bild hinten

Zutaten für 4 Portionen:
200 g frische Erdbeeren
Saft von 1 Orange
100 g Zucker
5 Blatt weiße Gelatine
200 g Joghurt
2 cl Rum · ¼ l Sahne
Zum Garnieren:
4 Baiserblumen (Rezept Seite 28)
oder Waffeln
Für die Sauce:
100 g frische Erdbeeren
⅛ l trockener Rotwein
Saft von 1 Orange
80 g Zucker

Zubereitungszeit: 50 Minuten
Kühlzeit: 1–2 Stunden

Die Erdbeeren waschen, von den Stielen abzupfen, mit einer Gabel gut zerdrücken und mit dem Saft der Orange mischen. Den Zucker zugeben, das Ganze zum Kochen bringen und 1–2 Minuten leicht weiterkochen lassen. Das Püree durch ein feines Sieb passieren. Die Gelatine in kaltem Wasser einweichen, ausdrücken und in der heißen Erdbeermischung auflösen. Dann erst den Joghurt und den Rum darunterrühren. Wenn die Mischung fast erkaltet ist, die Sahne steif schlagen und mit dem Schneebesen darunterrühren. Die Creme in vier Glasschalen gießen und mit Baiserblumen oder Waffeln garnieren.

Für die Sauce die Erdbeeren waschen, abzupfen, zerdrücken und mit dem Rotwein, dem Orangensaft und dem Zucker aufkochen. Diese Mischung bei kleiner Hitze etwa zur Hälfte einkochen lassen (das dauert 6–8 Minuten) und dann durch ein feines Sieb gießen. Die abgekühlte Sauce auf den vier Desserts verteilen.

Orangen-Joghurt-Creme

Im Bild vorne

Zutaten für 4 Portionen:
(4 Förmchen von 8 cm ⌀):
2 Orangen (Schale unbehandelt)
70 g Zucker
4 Blatt weiße Gelatine
50 g Marzipan-Rohmasse
175 g Joghurt · ⅛ l Sahne
Für die Baiserböden:
4 Eiweiße · 125 g Zucker
80 g Puderzucker
2 Teel. Speisestärke
Zum Garnieren:
4 Orangenspalten
Schokoladensauce
(Rezept Seite 13)

Zubereitungszeit: 55 Minuten
Kühlzeit: 1–2 Stunden
Backzeit: etwa 3 Stunden
Trockenzeit: über Nacht

Die Orangen heiß abbürsten und abreiben, dann auspressen. Den Saft mit der abgeriebenen Schale und dem Zucker aufkochen. Die in kaltem Wasser eingeweichte Gelatine gut ausdrücken und in dem Saft auflösen. Die Marzipan-Rohmasse mit dieser Flüssigkeit schaumig rühren. Den Joghurt unterrühren und abkühlen lassen. Bevor die Creme geliert, die Sahne steif schlagen und unterziehen. Die Creme in vier Förmchen füllen und im Kühlschrank fest werden lassen.

Die Eiweiße leicht aufschlagen, bis sie locker und weiß sind. Dann 100 g Zucker nach und nach einrieseln lassen. Dabei immer weiter schlagen, bis sich alle Zuckerkristalle aufgelöst haben und der Schnee schnittfest ist. Den Puderzucker mit der Speisestärke auf ein Papier sieben, mit dem restlichen Zucker mischen, auf den Eischnee schütteln und mit dem Kochlöffel vorsichtig darunterziehen. Die Baisermasse in einen Spritzbeutel mit Sterntülle füllen und rosettenförmige Böden auf ein mit Pergamentpapier ausgelegtes Backblech spritzen. Die Menge reicht für 8 Baiserböden von etwa 10 cm Durchmesser. Die Böden im vorgeheizten Backofen bei 120 °C etwa 3 Stunden bakken. Dabei die Backofentür einen Spalt offenhalten. Im abgeschalteten Herd über Nacht trocknen lassen.

Auf vier Baiserböden je eine Creme stürzen. Mit Orangenspalten und Schokoladensauce anrichten.

Die übrigen Böden können gut verschlossen aufbewahrt werden.

Joghurt-Fruchtcremes sind leichte, erfrischende Sommerdesserts, die möglichst kühl serviert werden sollten.

Joghurt-Frucht-dessert

Im Bild vorne

Zutaten für 4 Portionen:
120 g Zucker
⅛ l Weißwein
Saft von ½ Limette
3 Blatt weiße Gelatine
175 g Joghurt · ⅛ l Sahne
400 g Früchte der Saison oder Kompottfrüchte

Zubereitungszeit: 45 Minuten
Kühlzeit: 1–2 Stunden

Den Zucker mit etwa ¼ des Weißweins in einer Kasserolle zu hellbraunem Karamel kochen, dann mit dem restlichen Weißwein und dem Limettensaft auflösen. Die Gelatine in kaltem Wasser einweichen, wieder gut ausdrücken und in der warmen Mischung auflösen. Mit dem Joghurt verrühren und abkühlen lassen. Die Sahne steif schlagen und unter die Creme ziehen, kurz bevor diese fest wird. Die Joghurtcreme in vier Gläser füllen und im Kühlschrank endgültig festwerden lassen.
Ganz nach Belieben mit frischen Früchten oder Kompottfrüchten ergänzen. Größere Früchte dafür in Stücke oder Scheiben schneiden und auf der Creme anrichten.

Limetten- oder Zitronencreme mit Ingwer

Im Bild hinten

Zutaten für 4 Portionen:
150 g Zucker
Saft von 3–4 Limetten oder Zitronen (nicht mehr als 0,12 l)
3 Eßl. Ingwersirup
5 Blatt weiße Gelatine
350 g Joghurt
¼ l Sahne
1 Eßl. Zucker
Zum Garnieren:
⅛ l Sahne
4 eingelegte Ingwerpflaumen
Schokoladenröllchen

Zubereitungszeit: 50–60 Minuten
Kühlzeit: 1–2 Stunden

150 g Zucker mit etwa ¼ des Limetten- oder Zitronensaftes in einer Kasserolle zu hellbraunem Karamel kochen und mit dem restlichen Limettensaft sowie dem Ingwersirup auflösen. Die Gelatine in kaltem Wasser einweichen, wieder gut ausdrücken und in der warmen Mischung auflösen. Mit dem Joghurt verrühren und abkühlen lassen. Die Sahne mit 1 Eßlöffel Zucker steif schlagen und unter die abgekühlte Creme ziehen, kurz bevor diese fest wird. Die Creme in vier Gläser füllen und im Kühlschrank endgültig festwerden lassen.
Die Sahne zum Garnieren steif schlagen. Den Ingwer abtropfen lassen und feinwürfeln. Die Ingwerwürfel auf die Creme streuen, mit Sahnerosetten und Schokoladenröllchen garnieren.

Variante: Pfirsich-Quark-Creme

4 Pfirsiche (etwa 500 g) kurz in kochendes Wasser tauchen und die Haut abziehen. Den Stein entfernen und das Fruchtfleisch in Würfel schneiden. In einer Pfanne 50 g Zucker, 2 Eßlöffel Honig und ¹⁄₁₆ l süßen Sauternes-Wein aufkochen, bis der Zucker geklärt ist. Die Pfirsichwürfel und 2 cl Zitronensaft zugeben und 3–4 Minuten kochen lassen. Abkühlen lassen. 250 g Quark mit 2 Eßlöffeln Honig verrühren, ¼ l geschlagene Sahne unterziehen und zum Schluß die Pfirsiche und 2 cl Rum unterheben. In vier Gläser verteilen und 1 Stunde gut kühlen. Mit Waffeln und eventuell mit frischen Früchten garniert servieren.
Die Menge ergibt 4 Portionen.

Erdbeercharlotte

Die Erdbeercharlotte wird meistens in einer Halbkugelform zubereitet, doch kann man auch eine Kasten- oder, wie bei diesem Rezept, eine Rehrückenform verwenden. Der Vorteil bei einer länglichen Form: die Portionen lassen sich leichter schneiden.

Zutaten für 8 Portionen:
Für die Biskuitroulade:
4 Eigelbe
50 g Zucker
3 Eiweiße
60 g Mehl
150 g Erdbeermarmelade
Für die Füllung:
200 g Erdbeeren
1 Eßl. Zucker
2 cl Cognac
4 Eigelbe
100 g Zucker
¼ l Milch
½ Vanilleschote
4 Blatt weiße Gelatine
¼ l Sahne
1 Eßl. Zucker

Zubereitungszeit: etwa 1 Stunde und 10 Minuten
Backzeit: 8–10 Minuten
Ruhezeit: möglichst über Nacht
Marinierzeit: 1–2 Stunden
Kühlzeit: etwa 3 Stunden

Für die Biskuitroulade die Eigelbe mit der Hälfte des Zuckers schaumig rühren. Die Eiweiße zu Schnee schlagen und den restlichen Zucker einrieseln lassen. Den Schnee vorsichtig unter die Eigelbmasse heben und danach das Mehl unterziehen. Ein Backblech mit Pergamentpapier oder Backtrennpapier auslegen, den Biskuitteig etwa 25 × 25 cm groß aufstreichen und im vorgeheizten Backofen bei 220 °C (nach Sicht) 8–10 Minuten backen. Die Teigplatte noch warm mit der Erdbeermarmelade bestreichen und aufrollen. Die Biskuitrolle möglichst über Nacht, in Alufolie gewickelt, ruhen lassen, dann läßt sie sich ganz besonders leicht in Scheiben schneiden.

Die Roulade in Scheiben von etwa 8 mm schneiden. Damit eine Kasten- oder Rehrückenform auslegen (legt man die Form zuvor mit Alufolie aus, dann läßt sich die Charlotte später leichter stürzen).

Die Erdbeeren abzupfen, halbieren und in eine Schüssel geben. Mit 1 Eßlöffel Zucker bestreuen und mit dem Cognac beträufeln. Zugedeckt möglichst 1–2 Stunden marinieren lassen.

Die Eigelbe mit 100 g Zucker cremig rühren. Die Milch mit der aufgeschnittenen Vanilleschote einmal aufkochen lassen, dann die Schote wieder herausnehmen und die Milch nach und nach in die Eigelbmasse rühren. Die Gelatine in kaltem Wasser etwa 10 Minuten einweichen, ausdrücken, auflösen und zur Creme geben. Die Creme durch ein feines Sieb passieren, dann auf Eis abkühlen lassen, bis sie anfängt, dickflüssig zu werden. In der Zwischenzeit die Sahne mit 1 Eßlöffel Zucker steif schlagen und im richtigen Moment, wenn die Creme leicht dick wird, vorsichtig unterziehen. Etwa ⅔ dieser Sahnecreme in die mit Biskuitscheiben ausgelegte Form füllen. Die marinierten Erdbeeren unter die restliche Creme rühren und damit die Form füllen. Mit Biskuitscheiben abdecken und erkalten lassen.
Die Charlotte aus der Form stürzen und in Scheiben schneiden.

Rote Grütze mit Sahne

Im Bild hinten

Die »Original-Grütze« stammt aus Dänemark, rote Grütze ist aber auch im Norden Deutschlands zu Hause. Ihr Name kommt von der Grütze (der Gersten-, Buchweizen- oder Hafergrütze), die ehemals zum Eindicken des Fruchtsaftes verwendet wurde. Rote Grütze ist ein frischer, fruchtiger Pudding für die warme Jahreszeit, der sich verfeinert vom Hauptgericht zum Dessert gemausert hat. An die Stelle der Grütze zum Eindicken ist inzwischen die praktische Speisestärke (meist aus Mais oder Weizen) getreten.

Zutaten für 4 Portionen:
300 g reife rote Johannisbeeren
300 g reife Himbeeren
¼ l Wasser
⅛ l trockener Rotwein
80 g Zucker
40 g Speisestärke
Zum Garnieren:
⅛ l Sahne
1 Eßl. Zucker
1 Eßl. gehobelte, geröstete Mandeln

Zubereitungszeit: 35–40 Minuten

Die Johannisbeeren waschen und von den Stielen zupfen. 200 g Johannisbeeren mit 200 g Himbeeren, dem Wasser, dem Rotwein und dem Zucker in einem genü-gend großen Topf 10–15 Minuten sprudelnd kochen lassen, bis die Früchte total zerfallen sind. Das Obst dann durch ein sehr feines Sieb passieren oder auch etwas abkühlen lassen und maschinell entsaften.
Den Fruchtsaft zum Kochen bringen. Die Speisestärke mit etwas Wasser anrühren und den Saft damit eindicken. Die Mischung soll richtig aufkochen, bis sie klar wird; dabei immer kräftig mit dem Schneebesen rühren, damit die Grütze nicht anbrennt.
Die restlichen Johannisbeeren mit den restlichen Himbeeren unter die leicht abgekühlte Grütze rühren. Diese dann in eine große Schale oder in Portionsschälchen füllen und im Kühlschrank erkalten lassen.
Die Sahne mit dem Zucker mischen, halbsteif schlagen und über die Grütze geben. Mit den gerösteten Mandelblättchen bestreuen.
Rote Grütze wird oftmals auch mit kalter, flüssiger Sahne serviert.

Apfelgrütze mit roten Stachelbeeren

Im Bild vorne

Zutaten für 4 Portionen:
⅜ l trockener Weißwein
100 g Zucker
Saft und Schale von 1 Zitrone (Schale unbehandelt)
½ Zimtstange
300 g reife rote Stachelbeeren
300 g Äpfel (säuerliche Sorte)
30 g Speisestärke

Zubereitungszeit: 40–45 Minuten

In den Weißwein den Zucker, den Zitronensaft und die zu einer dünnen Spirale abgeschnittene Zitronenschale sowie die halbe Zimtstange geben. Aufkochen, bis der Zucker gelöst ist. Die Stachelbeeren waschen und putzen, die Äpfel schälen, das Kernhaus herausschneiden und die Äpfel in dünne Spalten teilen.
Zuerst die Stachelbeeren in dem Wein weich dünsten. Dabei sollte die Flüssigkeit gerade unter dem Siedepunkt gehalten werden, weil die Beeren nicht platzen dürfen. Mit einem Schaumlöffel herausnehmen. Dann die Apfelspalten weich dünsten und ebenfalls wieder herausnehmen.
Die Speisestärke mit 2 Eßlöffeln Wein anrühren, damit den übrigen Wein eindicken und klar kochen. Die Stachelbeeren und die Apfelspalten wieder zugeben und die Grütze in eine große Schüssel oder in Portionsschälchen füllen. Gut kühlen.
Mit Vanillesauce (Rezept Seite 9) oder geschlagener, leicht gesüßter Sahne servieren.

Rhabarberkompott mit Mandel-baiserhaube

Zutaten für 4–6 Portionen:
1 kg reifer Rhabarber (geschält etwa 750 g)
¼ l Wasser
⅛ l lieblicher Weißwein
150 g Zucker
½ Zimtstange
Schale von 1 Zitrone (Schale unbehandelt)
Für die Baiserhaube:
4 Eiweiße
170 g Zucker
90 g geschälte, geriebene Mandeln
2 Teel. Speisestärke

Zubereitungszeit: 40–50 Minuten

Den Rhabarber sehr sorgfältig schälen und in Stücke von etwa 3 cm Länge schneiden. Das Wasser mit dem Weißwein, dem Zukker, der Zimtstange und der Zitronenschale aufkochen. Dafür aber nur eine unbehandelte Zitrone (aus dem Reformhaus) verwenden und diese trotzdem noch unter heißem Wasser abbürsten. Dann mit einem Obstmesser die Schale gleichmäßig dünn abschneiden, damit nichts von der weißen Innenhaut mit abgeschält wird.
Nach 2–3 Minuten Kochzeit den Rhabarber zugeben und weich kochen. Das dauert zwischen 8 und 10 Minuten, doch sollte man »nach Sicht« kochen, damit die Fruchtstücke nicht zu weich werden und zerfallen. Das Kompott abkühlen lassen und in feuerfeste Portionsschalen verteilen.
Für die Baiserhaube die Eiweiße steif schlagen. Den Zucker nach und nach langsam einrieseln lassen. Die geriebenen Mandeln mit der Speisestärke mischen. Mit dem Holzspatel vorsichtig unter den steifen Eischnee ziehen. Diesen dann in Form einer Haube auf die Kompottportionen verteilen. Im vorgeheizten Backofen (höchste Schaltstufe) kurz überbacken, bis die Spitzen leicht bräunlich werden. Sofort servieren.

Variante: Aprikosen in Weißwein

1 kg Aprikosen kurz in kochendem Wasser blanchieren, schälen, halbieren und entsteinen. 250 g Zucker mit 40 cl trockenem Weißwein (0,4 l) und dem Saft von 1 Zitrone zum Kochen bringen. Etwa 2–3 Minuten kochen; wenn nötig, abschäumen.
Die Aprikosen zugeben und die Hitze gerade unter dem Siedepunkt halten. Nach 8–10 Minuten sind die Aprikosen weich. 2 cl Amaretto (Mandellikör) zugießen und das Kompott erkalten lassen. Man kann die Früchte aber auch aus dem heißen Sud nehmen und den Sirup durch Einkochen konzentrieren.
Die Menge ergibt etwa 8 Portionen.

Variante: Pfirsiche in Rotwein

4 große weiße Pfirsiche in heißem Wasser kurz blanchieren und die Haut abziehen. Die Früchte halbieren und die Steine entfernen. ½ l roten Bordeauxwein mit 60 g Zucker und ½ Zimtstange aufkochen.
Die Pfirsiche zugeben und die Hitze so weit reduzieren, daß die Früchte gerade unter dem Siedepunkt weich pochiert werden. Das dauert 12–15 Minuten. Sie sollten weich sein, aber nicht zerfallen. Die Pfirsiche aus dem Weinsud nehmen, diesen etwa 5 Minuten einkochen lassen, mit 2 cl Cognac parfümieren und die Pfirsiche wieder hineingeben. Erkalten lassen.
Die Menge ergibt 4 oder 8 Portionen.

Obstsalat-Variationen

Für Obstsalate aller Art gilt zunächst der Grundsatz: Nur die besten, frischesten Früchte sind gerade gut genug, und zwar zur jeweiligen Erntezeit, wenn die Früchte vollreif und somit am schmackhaftesten sind. Hat man dies erst einmal berücksichtigt, dann kann nach Herzenslust kombiniert und variiert werden. Die nachfolgenden Rezepte sollen dazu als Anregung dienen.

Melonensalat

Im Bild auf Seite 44 hinten

Zutaten für 4 Portionen:
1 Charente-Melone
1 Ogen-Melone
Für die Sauce:
Saft und abgeriebene Schale
von ½ Orange
(Schale unbehandelt)
Saft von 1 Limette
75 g Zucker
2 cl Cointreau (Orangenlikör)
Zum Garnieren:
1 Eßl. gehackte Walnüsse

Zubereitungszeit: 30 Minuten
Kühlzeit: 30 Minuten

Eine der beiden Melonen zackig halbieren. Dabei mit einem kleinen, spitzen Messer jeweils bis zur Mitte durchstechen. Die andere Melone halbieren und aus beiden Früchten die Kerne mit einem Löffel herausnehmen. Aus dem Fruchtfleisch Kugeln ausstechen und in eine Schüssel geben. Restliches Fruchtfleisch herausschälen und den Saft auspressen.
Den Melonensaft mit dem Orangen- und Limettensaft, der abgeriebenen Orangenschale und dem Zucker etwa 3 Minuten kochen, dann abkühlen lassen. Den Likör darunterrühren und die Mischung über die Melonenkugeln gießen. Gut kühlen, nochmals durchmischen und in die beiden Melonenhälften mit dem Zackenrand füllen. Mit den gehackten Walnüssen bestreuen.

Papaya-Kiwi-Salat mit Rotweinsauce

Im Bild auf Seite 44 links

Zutaten für 4 Portionen:
1 Papaya
1 Teel. Zitronensaft
2 Kiwis
4 Johannisbeerrispen
Für die Sauce:
10 cl Rotwein (0,1 l)
1 Teel. Zitronensaft
40 g Zucker
1 Stückchen Zimtstange
Zum Garnieren:
⅛ l Sahne
1 Eßl. Zucker
1 Eßl. gestiftelte Pistazien

Zubereitungszeit: 35 Minuten

Die Papaya halbieren und die Kerne mit einem Löffel herausnehmen. Die Hälften schälen und der Länge nach in schmale Spalten schneiden. Mit Zitronensaft beträufeln. Die Kiwis schälen und in Scheiben schneiden. Die Papaya auf vier Tellern fächerförmig anrichten, Kiwischeiben und Johannisbeerrispen daneben anordnen.
Für die Sauce den Rotwein und den Zitronensaft mit dem Zucker und der Zimtstange etwa 2 Minuten kochen lassen. Die Zimtstange entfernen und die abgekühlte Sauce über die Früchte gießen.
Die Sahne mit dem Zucker steif schlagen. Jeden Teller mit einer Sahnerosette garnieren und mit Pistazien bestreuen.

Früchte mit Schokoladensauce

Im Bild auf Seite 44 vorne

Zutaten für 4 Portionen:
1 mittelgroße Birne
1 Teel. Zitronensaft
2 Orangen · 60 g Himbeeren
4 Eßl. Schokoladensauce
(Rezept Seite 13)
1 Eßl. gestiftelte Pistazien
Zum Garnieren:
Zitronenmelisse

Zubereitungszeit: 20 Minuten

Die Birne waschen, schälen, vierteln und das Kerngehäuse herausschneiden. Die Viertel in dünne Spalten schneiden und sofort mit Zitronensaft beträufeln, damit sie nicht braun werden. Die Orangen mit einem scharfen Messer so schälen, daß auch die weiße Haut restlos entfernt wird. Das Fruchtfleisch in Scheiben schneiden. Mit den Birnenspalten auf vier Tellern anrichten. Die verlesenen Himbeeren daraufgeben.

Die Schokoladensauce neben die Früchte gießen, mit Pistazienstiften bestreuen und mit Melisseblättchen garnieren.

Obstsalat mit Orangensauce

Im Bild auf Seite 45 vorne

Zutaten für 4 Portionen:
2 Orangen
140 g Erdbeeren
2 Bananen
8 Litschis, frisch
oder aus der Dose
Für die Sauce:
2 Orangen (Schale unbehandelt)
60 g Zucker
1 cl brauner Rum
2 cl Cointreau (Orangenlikör)

Zubereitungszeit: 35–40 Minuten
Kühlzeit: etwa 30 Minuten

Die Orangen mit einem scharfen Messer so schälen, daß auch die weiße Haut restlos entfernt wird. Die Filets mit dem Messer zwischen den Häuten herausschnei-

den. Die Erdbeeren waschen, trockentupfen und die Stiele abzupfen. Die Früchte je nach Größe halbieren oder vierteln. Die Bananen schälen und schräg in Scheiben schneiden. Frische Litschis schälen und den Kern entfernen; Litschis aus der Dose abtropfen lassen.

Für die Sauce 1 Orange unter fließendem Wasser gründlich abbürsten. Die Schale fein abreiben. Beide Orangen auspressen. Den Saft mit der abgeriebenen Schale und dem Zucker so lange kochen lassen, bis er um etwa $\frac{1}{3}$ reduziert ist. Vom Herd nehmen, den Rum und den Cointreau einrühren und die Sauce erkalten lassen.

Die Orangenfilets auf vier Tellern fächerförmig anrichten. Die anderen Früchte in einer Schüssel mit der Sauce mischen und auf den Tellern verteilen. Gut gekühlt servieren.

Komposition mit Kaki und Feige

Im Bild auf Seite 45 hinten

Zutaten für 4 Portionen:
2 Kaki
4 Feigen
1 Grapefruit
140 g Weintrauben
40 g Brombeeren
Für die Sauce:
10 cl herber Weißwein (0,1 l)
3 Eßl. Zucker
½ Vanilleschote

Zum Garnieren:
⅛ l Sahne
Pfefferminzblättchen

Zubereitungszeit: 40–45 Minuten

Von den Kaki die Haut abziehen, die Früchte in Scheiben schneiden und diese halbieren. Die Feigen schälen und ebenfalls in Scheiben schneiden. Die Grapefruit mit einem scharfen Messer so schälen, daß auch die weiße Haut restlos entfernt wird. Die Filets zwischen den Häuten herausschneiden. Von den Weintrauben die Haut abziehen, eventuell halbieren und die Kerne entfernen. Die Brombeeren verlesen.

Für die Sauce den Weißwein mit dem Zucker und dem aus der Schote geschabten Vanillemark 2–3 Minuten einkochen, dann abkühlen lassen.

Die Kaki- und Feigenscheiben mit den Grapefruitfilets und den Weintrauben auf vier Tellern hübsch anrichten. Die Brombeeren darüberstreuen, mit der Sauce übergießen. Die Sahne steif schlagen. Die Teller mit Sahnerosetten und Pfefferminzblättchen garnieren.

Gefüllte Pfirsiche mit Mandelsauce

Im Bild vorne

Zutaten für 4 Portionen:
4 frische Pfirsiche oder
8 halbe Früchte aus der Dose
60 g Marzipan-Rohmasse
30 g gehackte Walnüsse
2 cl Cognac
30 g Puderzucker
Saft von 1 Orange
Für die Sauce:
3 Eigelbe
50 g Marzipan-Rohmasse
50 g Zucker · ¼ l Milch
50 g abgezogene, geriebene Mandeln
2 cl Amaretto (Mandellikör)
⅛ l Sahne
1 Eßl. Johannisbeermarmelade
1 Eßl. Kirschwasser
Zum Garnieren:
Schlagsahne
Schokoladenblättchen

Zubereitungszeit: 50–60 Minuten

Die Pfirsiche in heißem Wasser blanchieren und die Haut abziehen. Die Früchte mit einem Messer an der natürlichen Nahtstelle teilen und den Stein entfernen.
Für die Füllung die Marzipan-Rohmasse in einer kleinen Schüssel mit den gehackten Walnüssen, dem Cognac, dem Puderzucker und dem Orangensaft zu einer formbaren Masse verarbeiten. Diese in die Vertiefungen der hal-

ben Pfirsiche verteilen und je zwei Hälften zusammensetzen.
Für die Sauce zuerst die Eigelbe mit der Marzipan-Rohmasse und dem Zucker cremig rühren. Die Milch aufkochen lassen und dann noch heiß langsam zur Eigelbmasse gießen. Dabei ständig rühren. Die Creme in den Milchtopf zurückgießen und unter Rühren erhitzen, aber nicht aufkochen lassen. Sie ist genügend erhitzt, wenn sie beim Herausheben des Kochlöffels leicht angedickt darauf liegen bleibt. Die Creme durch ein feines Haarsieb passieren und die feingeriebenen Mandeln mit dem Amaretto darunterrühren. Abkühlen lassen.
Die Sahne halbsteif schlagen und unterziehen. Vier Teller mit der Sauce ausgießen. Die Johannisbeermarmelade mit dem Kirschwasser sehr gut verrühren und in eine Pergamentpapiertüte füllen. Auf die Mandelsauce eine Spirale spritzen und mit einem Messer nach außen verzieren (siehe Seite 12/13).
Die Pfirsiche in die Sauce legen, mit einer Sahnerosette und Schokoladenblättchen garnieren.

Vanilleeis-Baiser mit Nougatsauce

Im Bild hinten

Zutaten für 4 Portionen:
Für die Baisermasse:
4 Eiweiße · 120 g Zucker
80 g Puderzucker
20 g Speisestärke
Für die Sauce:
¼ l Milch
50 g Nougatmasse
50 g Zucker
80 g feingemahlene, geröstete Haselnüsse
2 Teel. Speisestärke
2 Eigelbe
2 Eßl. Milch
4 große Kugeln Vanilleeis
150 g frische oder tiefgefrorene Johannisbeeren
Zum Garnieren:
⅛ l Sahne · 1 Eßl. Zucker

Zubereitungszeit: 1 Stunde und 30 Minuten, ohne Back- und Trockenzeit für die Baisers

Baiserböden zubereiten, wie im Rezept Orangen-Joghurt-Creme auf Seite 32 beschrieben.
Für die Sauce ¼ l Milch mit der Nougatmasse, dem Zucker und den Haselnüssen unter Rühren aufkochen. Die Speisestärke mit den Eigelben und 2 Eßlöffeln Milch verrühren und in die kochende Nougatmilch rühren. Einige Male aufwallen und dann abkühlen lassen. Zwischendurch umrühren.
Auf vier Teller jeweils eine Baiserrosette legen, 1 Vanilleeiskugel daraufsetzen und mit der Nougatsauce umgießen. Johannisbeeren darüberstreuen.
Die Sahne mit dem Zucker steif schlagen und die Desserts damit garnieren.

Mini-Obsttörtchen

Diese Obsttörtchen sind überaus variabel, denn sie können mit allen beliebigen Früchten – am besten frisch – belegt werden. Auch bei der Auswahl der Förmchen kann nach Herzenslust variiert werden. Ob rund, oval, eckig oder in Blütenform, hier sind der Phantasie fast keine Grenzen gesetzt.

Zutaten für etwa 40 Törtchen:
Für den Teig:
200 g Mehl
100 g Butter
70 g Puderzucker
1 Messerspitze Salz
1 Eigelb
Zum Bestreichen:
100 g bittere Schokolade
Für die Füllung:
50 g Zucker
20 g Speisestärke
2 Eigelbe · ¼ l Milch
¼ Vanilleschote
Früchte nach Wahl
Zum Garnieren eventuell:
passender Alkohol
gehackte Pistazien
oder Mandelblättchen
Zum Überziehen:
1 Päckchen Tortenguß
nach Belieben

Zubereitungszeit: etwa 2 Stunden
Ruhezeit: 1 Stunde

Das Mehl auf die Arbeitsfläche sieben, in die Mitte eine Mulde drücken und die weiche Butter, den Puderzucker, das Salz und das Eigelb hineingeben. Mit den Händen die Zutaten innerhalb der Mehlmulde zu einer bröckeligen Teigmasse verarbeiten. Dann das Mehl nach und nach vom Rand zur Mitte schieben und unterwirken. Mit der Palette oder einem großen Messer hacken, bis das Mehl vollständig untergearbeitet ist. Zum Schluß den Teig mit den Händen rasch zusammenkneten, zu einer Kugel formen und, in Folie gewickelt, im Kühlschrank mindestens 1 Stunde ruhen lassen.

Den Mürbteig ausrollen und die gewünschten Förmchen damit auslegen. Den Teig gut andrücken und überstehende Ränder abschneiden. Den Teig mehrmals einstechen und die Törtchenböden im vorgeheizten Backofen bei 200 °C – nach Sicht – in 5–7 Minuten hellbraun backen. Die fertigen Mürbteigböden aus den Förmchen nehmen und auskühlen lassen.

Die Schokolade im Wasserbad auflösen und die Törtchen damit dünn ausstreichen. Dadurch bleibt der Mürbteig trotz der fruchtigen Füllung schön knusprig, und Schokoladengeschmack paßt zu allen Früchten.

Für die Füllung die Hälfte des Zuckers mit der Speisestärke und den Eigelben in eine Schüssel geben. Etwa ¼ der Milch zugießen und alles mit einem Schneebesen sorgfältig verrühren.

In der Zwischenzeit die übrige Milch mit den restlichen 25 g Zucker und der aufgeschnittenen und ausgeschabten Vanilleschote in einem entsprechend großen Topf zum Kochen bringen. Die angerührte Speisestärke langsam und gleichmäßig in die kochende Milch gießen und zugleich bei konstanter Hitze unterrühren. Einige Male richtig aufkochen lassen, dabei gleichmäßig mit dem Schneebesen durchrühren. Sobald eine homogene Masse entstanden ist, die Creme vom Herd nehmen und auf Eiswasser kalt rühren. Die Vanillecreme durch ein Sieb passieren, in die Törtchen füllen und glattstreichen.

Belegen kann man die Törtchen mit jeder Art von Obst, wobei natürlich Früchte der Saison den Kompottfrüchten unbedingt vorzuziehen sind. Besonders gut eignen sich Beeren, Aprikosen, Pfirsiche, Kiwis, Mangos, Feigen. Große Früchte werden in Würfel oder Scheiben geschnitten.

Man kann die Törtchen zusätzlich mit etwas Alkohol, jeweils passend zur Frucht, parfümieren. Zum Schluß nach Belieben mit gehackten Pistazien oder Mandelblättchen garnieren.

Sollen die Törtchen einige Stunden frisch bleiben, kann man sie mit Tortenguß überziehen. Dafür den Guß nach Vorschrift auf dem Päckchen zubereiten und mit einem Pinsel vorsichtig auf den Früchten verteilen.

Äpfel im Schlafrock

Zutaten für 4 Portionen:

300 g Tiefkühl-Blätterteig

4 Äpfel (säuerliche,
gut backfähige Sorte)

Für die Füllung:

80 g Marzipan-Rohmasse

1 Eßl. gehackter eingelegter
Ingwer

2 Eßl. gehackte Belegkirschen

2 cl Kirschwasser

1 Eßl. Puderzucker

1 Eigelb

4 Eßl. Aprikosenmarmelade

Für die Vanillesahne:

¼ l Sahne

das Mark von 1 Vanilleschote

2–3 Eßl. Zucker

Zum Garnieren:

Schokoladenröllchen nach
Belieben

Zubereitungszeit: etwa 1 Stunde, ohne Auftauzeit
Backzeit: 15–20 Minuten

Den Blätterteig auftauen lassen, dann in zwei Richtungen ausrollen, und zwar abwechselnd von vorn nach hinten und von links nach rechts. Dabei mit gleichmäßigem Druck arbeiten. Durch das Wechseln der Richtungen werden die Schichten gleichmäßig dünner. Den Teig zu einer Größe von mindestens 27 × 27 cm ausrollen. Aus der Teigplatte 4 Quadrate von 13 × 13 cm Größe schneiden.

Die Äpfel schälen und das Kerngehäuse herausstechen. Die Marzipan-Rohmasse mit dem gehackten Ingwer, den gehackten Belegkirschen, dem Kirschwasser und dem Puderzucker verkneten. Die Äpfel mit dieser Masse füllen, in die Mitte der Teigquadrate legen, die vier Ecken hochklappen und oben zusammenkneifen. Mit verquirltem Eigelb bestreichen. Die Blätterteigreste nochmals ausrollen, rund ausstechen und auf die Teignähte legen. Leicht andrükken und ebenfalls mit Eigelb bestreichen. Die Äpfel auf ein mit kaltem Wasser abgespültes Backblech setzen und vor dem Backen mindestens 30 Minuten ruhen lassen.
Die Äpfel im vorgeheizten Backofen bei 220 °C 15–20 Minuten backen lassen. Die Aprikosenmarmelade erhitzen und die gebackenen Äpfel im Schlafrock damit bestreichen.
Die Sahne mit dem Vanillemark und dem Zucker halbsteif schlagen. Mit den Apfeldesserts auf Tellern anrichten, nach Belieben mit den Schokoladenröllchen garnieren.

Variante: Eingebackene Birnen

300 g Tiefkühl-Blätterteig auftauen lassen und ausrollen, wie im nebenstehenden Rezept beschrieben.
4 mittelgroße Birnen schälen und das Kerngehäuse herausstechen. 40 g Rosinen in 4 cl Birnengeist 30 Minuten einweichen. 30 g Puderzucker, 40 g Kakao, 60 g Marzipan-Rohmasse und 2 Eßlöffel Wasser miteinander verarbeiten. Die eingeweichten Rosinen mit dem Birnengeist zugeben und alles gut mischen.
Die Birnen mit der Masse füllen und auf die Teig-Quadrate setzen. Den Teig hochklappen und die Ecken gut zusammendrücken. Mit Eigelb bestreichen, auf ein Backblech setzen und 30 Minuten ruhen lassen. Im vorgeheizten Backofen bei 220 °C 15–20 Minuten backen und warm mit Vanilleoder Schokoladensauce (Rezepte Seite 9 und 13) servieren.
Die Menge ergibt 4 Portionen.

Warme Nachspeisen

Vanilleäpfel

Im Bild vorne

Zutaten für 4 Portionen:
4 mittelgroße Äpfel
⅜ l Wasser
1 Eßl. Zucker
Schale von ½ Zitrone
(Schale unbehandelt)
Saft von 1 Zitrone
4 Eßl. Johannisbeermarmelade
Für die Sauce:
2 Eigelbe
50 g Vanillezucker
4 Teel. Speisestärke
½ l Weißwein
2 cl Rum
2 Eiweiße

Zubereitungszeit: 45 Minuten

Die Äpfel waschen, schälen und das Kernhaus herausstechen. Das Wasser mit dem Zucker, der Zitronenschale und dem -saft zum Kochen bringen. Die ganzen Äpfel hineingeben und vorsichtig in etwa 10 Minuten weich kochen; sie sollen ihre Form behalten. Die Äpfel herausnehmen, abtropfen und erkalten lassen.
Für die Sauce die Eigelbe mit dem Vanillezucker schaumig schlagen, dann die Speisestärke und den Wein darunterschlagen. Die Masse unter ständigem Schlagen erhitzen, bis sie einmal aufkocht. Sofort von der Kochstelle nehmen und noch kurz weiterschlagen. Den Rum zugeben. Die Eiweiße zu steifem Schnee schlagen und unter die noch heiße Sauce ziehen.
Die Äpfel auf Portionsschälchen anrichten, mit je 1 Eßlöffel Johannisbeermarmelade füllen und mit der Sauce übergießen.

Apfelküchle

Im Bild hinten

Zutaten für 4–6 Portionen:
750 g Äpfel
(säuerliche, feste Sorte)
50 g Zucker
Saft von 1 Zitrone
2 cl Rum
Für den Teig:
200 g Mehl
2 Eier
⅛ l Apfelsaft
⅛ l Weißwein
1 Messerspitze Salz
abgeriebene Schale von
1 Zitrone
(Schale unbehandelt)
Zum Besieben:
Puderzucker

Zubereitungszeit: 45 Minuten
Ruhezeit für den Teig: etwa 30 Minuten

Die Äpfel waschen, schälen und das Kernhaus herausstechen. Das Fruchtfleisch in etwa 1 cm dicke Ringe schneiden, diese in einer Schüssel mit dem Zucker bestreuen, mit dem Zitronensaft und dem Rum beträufeln und zugedeckt durchziehen lassen.
Das Mehl in eine Schüssel sieben, die Eier, den Apfelsaft, den Weißwein, das Salz und die abgeriebene Zitronenschale zugeben und alles zu einem dickflüssigen Ausbackteig verrühren. Etwa 30 Minuten ausquellen lassen.
Die marinierten Äpfel gut abtropfen lassen, durch den Teig ziehen und schwimmend im heißen Fett (180 °C) etwa 2 Minuten backen. Die Küchle wenden und von der anderen Seite nochmals etwa 2 Minuten backen, bis sie schön goldbraun sind. Herausnehmen, auf Küchenkrepp kurz abtropfen lassen und auf einer Platte oder Portionstellern anrichten. Mit Puderzucker besieben und sofort servieren.

Variante:
Gefüllte Bratäpfel

Aus 4 gleichgroßen säuerlichen Äpfeln (zum Beispiel Cox Orange) das Kernhaus herausstechen. 50 g geriebene Mandeln mit 1 Eßlöffel Honig, 1 Eßlöffel gehacktem Orangeat und 2 Eßlöffeln Rum mischen. 1 Eßlöffel Rosinen darunterrühren. Mit dieser Mischung die Äpfel füllen. Eine Auflaufform mit 1 Eßlöffel Öl ausstreichen, die Äpfel hineinsetzen und bei etwa 200 °C backen, bis sie weich sind. Je nach Apfelsorte dauert dies 20–30 Minuten. Mit kalter Vanillesauce (Rezept Seite 9) schmecken die gefüllten Bratäpfel ganz besonders fein.
Die Menge ergibt 4 Portionen.

Böhmische Liwanzen

Dieses ganz hervorragende warme Dessert wird aus einem relativ flüssigen Hefeteig zubereitet. Zum Backen eignet sich eine Eierpfanne mit ihren Vertiefungen vortrefflich. Man kann den Teig aber auch in Form von kleinen Plätzchen in eine normale Pfanne gießen. Dann laufen die Liwanzen allerdings etwas unregelmäßig breit und haben keine so schöne Form. Serviert werden sie warm, nur mit Zucker bestreut oder gefüllt.

Zutaten für 15–20 Liwanzen:
400 g Mehl
20 g Hefe
¼ l lauwarme Milch
30 g Butter
30 g Zucker
¼ Teel. Salz
abgeriebene Schale von ½ Zitrone (Schale unbehandelt)
2 Eier
Für die Pfanne: Butter
Zum Bestreuen: Zucker

Zubereitungszeit: 1 Stunde und 30 Minuten bis 2 Stunden

Das Mehl in eine Schüssel sieben, in die Mitte eine Vertiefung drücken und die Hefe hineinbröckeln. Mit der lauwarmen Milch auflösen, Mehl darüberstreuen und diesen Ansatz, mit einem Tuch bedeckt, an einem warmen Platz etwa 15 Minuten gehen lassen, bis die Oberfläche starke Risse zeigt. Die Butter zerlassen, dann mit dem Zucker, dem Salz, der Zitronenschale und den Eiern verrühren. Diese Mischung zum Hefeansatz geben und alles zu einem dickflüssigen Hefeteig rühren. Den Teig zugedeckt an einem kühlen Platz 30–60 Minuten gehen lassen.
Die Liwanzenpfanne mit flüssiger Butter ausstreichen und mit einer Schöpfkelle den Teig in die Vertiefungen gießen. Die Liwanzen auf jeder Seite in etwa 3 Minuten hellbraun backen und warm, nur mit Zucker bestreut, servieren. Oder jeweils zwei Liwanzen mit einer der folgenden Füllungen zusammensetzen.

Quarkfüllung

Im Bild hinten

Zutaten für 4 Portionen:
250 g Quark · 1 Eigelb
Saft und abgeriebene Schale von 1 Zitrone (Schale unbehandelt)
60 g Zucker
1 Eßl. gehackte Walnüsse

Zubereitungszeit: 10 Minuten

200 g Quark mit dem Eigelb, der abgeriebenen Zitronenschale, dem Zitronensaft und dem Zucker cremig rühren. Die Liwanzen damit füllen. Den restlichen Quark zum Garnieren durch ein Reibeisen auf die Liwanzen drücken. Mit den gehackten Walnüssen bestreuen.

Preiselbeerfüllung

Im Bild in der Mitte

Zutaten für 4–6 Portionen:
150 g frische Preiselbeeren
6 cl Sauerkirschsaft oder ein anderer roter Fruchtsaft
1 Eßl. Zitronensaft
50 g Zucker
1 gestrichener Teel. Speisestärke
1 Eßl. Wasser
Zum Besieben der Liwanzen: Puderzucker

Zubereitungszeit: 15 Minuten

Die Preiselbeeren sorgfältig verlesen. Den Kirschsaft mit dem Zitronensaft und dem Zucker aufkochen und die Preiselbeeren zugeben. Nochmals kurz aufkochen lassen. Die Speisestärke mit dem Wasser anrühren und die Preiselbeeren damit binden. Sie dürfen zum Füllen der Liwanzen durchaus noch warm sein. Die gefüllten Liwanzen mit Puderzucker besieben.
Dazu Vanille-Schlagsahne reichen.

Dukatenbuchteln

»Dukaten« heißen sie, weil sie so klein sind wie Dukaten, im Gegensatz zu den normalen Buchteln, die vermutlich aus Böhmen stammen. Diese sind ungleich größer, etwa 50 g schwer, werden oft mit Quark oder Pflaumenmus gefüllt und sind in Süddeutschland als Rohrnudeln bekannt.

Zutaten für 40 kleine Buchteln (1 Pfanne von etwa 25 × 35 cm):
500 g Mehl
25 g Hefe
20 cl lauwarme Milch (0,2 l)
70 g Butter
70 g Zucker
¼ Teel. Salz
abgeriebene Schale von ½ Zitrone (Schale unbehandelt)
2 Eier
Für die Form und zum Bestreichen:
120 g Butter
Zum Besieben:
Puderzucker

Zubereitungszeit: etwa 2 Stunden und 30 Minuten

Das Mehl in eine Schüssel sieben, in die Mitte eine Vertiefung drücken und die Hefe hineinbröckeln. Mit der lauwarmen Milch auflösen und mit einer Mehlschicht bedecken. Etwa 15 Minuten, mit einem Tuch zugedeckt, an einem warmen Platz gehen lassen, bis die Oberfläche dieses Vorteiges Risse zeigt. 70 g Butter zerlassen, darin den Zucker, das Salz und die abgeriebene Zitronenschale mit den Eiern cremig verrühren. Zum Vorteig geben und alles mit dem Mehl zu einem glatten, trockenen Hefeteig schlagen, der sich vom Schüsselrand lösen sollte. Den Teig abgedeckt nochmals 15 Minuten gehen lassen.

Den gegangenen Hefeteig zu Strängen von etwa 2 cm Durchmesser rollen und davon 3 cm lange Stücke abschneiden. Die Stücke auf der Arbeitsfläche mit der hohlen Hand glatt und rund »schleifen«. Die Pfanne mit Butter ausstreichen, die Buchteln zusätzlich mit den Rändern in flüssiger Butter drehen und aneinandersetzen. Dadurch lassen sie sich nach dem Backen leicht auseinanderbrechen. Die Oberfläche der Buchteln ebenfalls mit Butter bestreichen und im vorgeheizten Backofen bei 200 °C 15 Minuten backen.

Dann die Buchteln nochmals mit Butter überpinseln und bei etwas erhöhter Temperatur (etwa 220 °C) fertig backen. Das dauert etwa 25 Minuten, doch sollten sie zum Schluß »nach Sicht« gebacken werden, damit sie auch wirklich schön knusprig und hellbraun sind.

Die Dukatenbuchteln aus der Form stürzen, mit Puderzucker besieben und mit kalter Vanillesauce (Rezept Seite 9) servieren. Sehr fein schmecken die Buchteln auch mit Kompottfrüchten, zum Beispiel Reineclauden.

Variante: Mohnbuchteln

Sie können ebenso klein und zierlich sein wie die Dukatenbuchteln, doch macht das Füllen schon etwas Mühe. Man verwendet dafür die gleichen Mengen wie beim vorangegangenen Rezept.

Die rund »geschliffenen« Teigstücke mit dem Handballen flach drücken und etwa 1 Teelöffel der untenstehenden Mohnfüllung daraufgeben. Die Teigränder über der Füllung falten und fest zusammendrücken, damit beim Backen keine Füllung auslaufen kann. Die Buchteln in der Hand noch etwas rund rollen und wie beschrieben backen.

Die Buchteln mit Vanille- oder Schokoladensauce (Rezepte Seite 9 und 13) servieren.

Die Menge ergibt 40 Buchteln.

Mohnfüllung

150 g gequetschten (gemahlenen) Mohn mit ¼ l Milch aufkochen, vom Herd nehmen und 15–20 Minuten quellen lassen. Mit 80 g Zucker, 1 Eigelb und 40 g Butter kräftig verrühren. Diese Mischung vor dem Füllen ganz auskühlen lassen.

Savarins

Diese feinen kleinen Kuchen aus Hefeteig sind längst Bestandteil der internationalen Küche. Ursprünglich stammen sie wohl aus Rußland und sind dann unter dem Namen »Baba« in Frankreich bekannt geworden. Eine Variante dieser mit Zuckersirup getränkten Hefekuchen wurde jedenfalls dem großen Gastrosophen Brillat-Savarin gewidmet und gilt heute als eines der klassischen Desserts.

Für die kleinen Kranzkuchen benötigt man spezielle Förmchen im Durchmesser von 9–12 cm. Diese werden heute schon in guten Haushaltwarengeschäften angeboten; man bekommt sie aber auf jeden Fall im Gastronomiebedarfshandel. Sie können aber auch in einer großen Kranzform einen Savarin backen (Backzeit 25–30 Minuten bei gleicher Temperatur) und ebenso mit Sirup tränken und füllen. Er muß dann nachträglich in Portionen geschnitten werden.

Das folgende Rezept ergibt etwa 20 kleine Savarins im Durchmesser von etwa 10 cm. Wenn man nicht so viele auf einmal benötigt (was meistens der Fall sein wird), so kann man die restlichen Savarins leicht, in Folie gewickelt, im Gefriergerät aufbewahren. Den Sirup friert man extra ein.

Zutaten für etwa 20 Savarins:
Für den Teig:
350 g Mehl · 20 g Hefe
⅛ l lauwarme Milch
150 g Butter · 40 g Zucker
½ Teel. Salz · 3 Eier
Für die Förmchen:
Butter und Mehl
Für den Sirup:
½ l Wasser · 250 g Zucker
10 cl feiner brauner Rum
Für die Füllung
(für 4 Portionen):
2 Eßl. Zitronensaft
2 Eßl. Zucker · 4 Eßl. Weißwein
250 g frische Erdbeeren
Zum Garnieren:
Schlagsahne und
Mandelblättchen

Zubereitungszeit: etwa 2 Stunden
Backzeit: etwa 15 Minuten

Das Mehl in eine Schüssel sieben und in die Mitte eine Vertiefung drücken. Die Hefe hineinbröckeln und mit der Milch auflösen. Über diesen Ansatz etwas Mehl streuen. Die Schüssel, mit einem Tuch zugedeckt, an einem warmen Platz etwa 15 Minuten gehen lassen, bis die Oberfläche deutliche Risse zeigt.

In der Zwischenzeit die Butter zerlassen und mit dem Zucker, dem Salz und den Eiern verrühren. Die Masse darf nicht schaumig werden und soll lauwarm sein. Die Butter-Eier-Masse zum Hefeansatz geben und alles zu einem lockeren Hefeteig schlagen. Den Teig zugedeckt nochmals etwa 20 Minuten gehen lassen.

Die Formen mit Butter ausstreichen, mit Mehl ausstreuen und bis ⅔ Höhe mit dem gegangenen Teig füllen. Die Förmchen auf ein Backblech setzen und den Teig bis zum Rand aufgehen lassen.

Die Savarins im vorgeheizten Backofen bei 200 °C etwa 15 Minuten backen, bis sie schön hellbraun sind. Die Savarins aus den Förmchen nehmen und auf einem Gitter abkühlen lassen.

In der Zwischenzeit das Wasser mit dem Zucker aufkochen, bis der Zucker geklärt (völlig aufgelöst) ist. Den Rum zugeben. Die Savarins einzeln auf einen Schaumlöffel setzen, in den heißen Sirup tauchen, bis sie damit vollgesogen sind (das dauert höchstens 1 Minute), wieder herausnehmen und auf dem Gitter ablaufen lassen. Man kann sie nun mit einer Zuckerglasur bestreichen oder gleich auf Teller setzen und füllen.

Für die Füllung den Zitronensaft mit dem Zucker und dem Weißwein zum Kochen bringen. Die in Viertel geschnittenen Erdbeeren dazugeben und einmal kurz aufkochen lassen. Die Fruchtmischung erkalten lassen und in die Savarins füllen. Mit der geschlagenen Sahne und einigen Mandelblättchen garnieren.

Varianten: Savarins kann man auch in anderen Zusammenstellungen zubereiten, so zum Beispiel mit Sliwowitz-Sirup getränkt und mit Pflaumen gefüllt oder mit Cointreau-Sirup getränkt und mit Himbeeren gefüllt oder mit ähnlichen Kombinationen.

Apfelstrudel

Das nachfolgende Rezept für den Apfelstrudel wurde uns von einem Wiener Patissier überlassen, der Meister im Zubereiten dieses österreichischen Desserts ist. Die Kunst liegt hier aber nicht im raffinierten Rezept, sondern in der Zubereitung des Strudelteiges, dessen Zutaten und vor allem deren Mengen. Es kommt ausschließlich darauf an, wie geschmeidig der Teig ist, damit er sich später auch gut »ausziehen« läßt.

Zutaten für 10–12 Portionen:
Für den Teig:
150 g Mehl
1 Eigelb · 1 Teel. Salz
2 Eßl. Öl
6–8 cl Wasser
Für den Belag:
1,5 kg Äpfel (zum Beispiel Delicious oder Cox Orange)
125 g Semmelbrösel
100 g Butter
75 g zerlassene Butter
150 g Zucker
2 Teel. gemahlener Zimt
50 g Rosinen
eventuell 40 g gehackte Walnüsse
Für die Form und zum Bestreichen:
50 g Butter
Zum Besieben:
Puderzucker

Zubereitungszeit: 1 Stunde und 30 Minuten bis 2 Stunden

Das Mehl auf die Arbeitsfläche sieben, in die Mitte eine Vertiefung drücken und das Eigelb mit dem Salz zugeben. Dann das Öl hineingießen. Was nun folgt, ist Handarbeit im wahrsten Sinn des Wortes. Strudelteig läßt sich zwar mit dem Teighaken des Rührgerätes in einer Schüssel zusammenrühren, aber er muß dann trotzdem noch mit der Hand durchgearbeitet werden, damit er schön glatt und geschmeidig wird. Nur so läßt sich auch die richtige Festigkeit des Teiges feststellen.

Die Zutaten mit einer Hand verrühren, dann nach und nach das Wasser zugießen, bis der Teig die richtige Konsistenz hat. Die mit Teig verklebte Hand in Mehl tauchen und so den anhängenden Teig abreiben. Jetzt den Teig mit beiden Händen kräftig durchkneten, bis er schön glatt ist. Zu einer Kugel formen, auf ein mit Mehl bestaubtes Brett legen und die Oberfläche mit Öl einreiben. Mindestens 30 Minuten ruhen lassen.

In der Zwischenzeit die Äpfel schälen, das Kernhaus herausschneiden und die Äpfel in ganz dünne Scheiben schneiden oder besser noch mit dem Gurkenhobel hobeln. Die Semmelbrösel in 100 g Butter hellbraun rösten und erkalten lassen.

Einen Tisch mit einem großen Leinentuch (Küchentuch) belegen und dieses gleichmäßig mit Mehl bestauben. Den Teig darauflegen und dabei schon zu einem Streifen ziehen. Den Teigstreifen mit einem Rollholz in Länge und Breite vorrollen und dann von Hand ziehen. Dabei greift man mit beiden Händen unter den Teig und zieht ihn von der Mitte jeweils nach außen. Ringsum so verfahren, bis der Teig hauchdünn ist.

Zwei Drittel des Teiges der Länge nach mit 75 g flüssiger, aber nur lauwarmer Butter bestreichen. Auf das letzte Drittel die gerösteten Semmelbrösel streuen, darauf kommen die vorbereiteten Äpfel. Den Zucker mit dem Zimt vermischen und ebenso wie die Rosinen über die Äpfel streuen. Sehr fein schmeckt es auch, wenn man noch 40 g gehackte Walnüsse zugibt.

Nun wird der Strudel von der belegten Seite her durch Anheben des Tuches aufgerollt; dabei immer wieder nachfassen. Den Strudel in eine mit Butter ausgestrichene Bratenpfanne legen und die Oberfläche mit dem Rest der zerlassenen Butter bestreichen. Im vorgeheizten Backofen bei 220 °C etwa 30 Minuten backen.

Den Apfelstrudel noch heiß in Stücke schneiden, mit Puderzucker besieben und warm servieren. Dazu Vanillesauce (Rezept Seite 9) reichen.

Quarkknödel

Im Bild vorne

Zutaten für 4–6 Portionen:
4 Brötchen vom Vortag
200 g trockener Quark
30 g Zucker · Salz
100 g Butter · ⅛ l saure Sahne
4 Eier · 60 g Mehl
50 g Semmelbrösel
Zum Bestreuen:
80 g Butter
100 g Semmelbrösel

Zubereitungszeit: 1 Stunde und 20 Minuten

Die Brötchen abreiben und in ganz kleine Würfel schneiden. Mit dem Quark, dem Zucker, 1 Messerspitze Salz und der flüssigen Butter vermengen. Die saure Sahne mit den Eiern verrühren und unter die Quarkmischung ziehen. Zum Schluß das Mehl mit den Semmelbröseln mischen und unterheben. Den Teig etwa 30 Minuten ziehen lassen.
Die Butter in einer Pfanne zerlassen, aber nicht bräunen. Die Semmelbrösel dazugeben und unter ständigem Rühren schön knusprig braun rösten. Sollten die Brösel am Ende zu trocken sein, kann man noch etwas Butter hinzufügen.
Aus dem Teig kleine Knödel formen und in kochendes Salzwasser geben. Etwa 12–15 Minuten ganz leicht kochen lassen. Die Knödel mit einem Schaumlöffel herausnehmen, abtropfen lassen und auf Teller verteilen. Mit den Butterbröseln bestreuen und mit Zwetschgenröster servieren.

Zwetschgenröster

250 g Zucker mit ⅛ l Wasser, 1 Stückchen Zimtstange, 1 Nelke, dem Saft und der dünn abgeschnittenen Schale von 1 Zitrone (Schale unbehandelt) aufkochen. 500 g reife Pflaumen halbieren, entsteinen und zugeben. Dieses Kompott so lange kochen, bis die Früchte richtig weich sind. Warm oder kalt zu den Knödeln reichen.

Powidlknödel

Im Bild hinten

Zutaten für 4–6 Portionen:
300 g Mehl · 20 g Hefe
⅛ l lauwarme Milch · 30 g Butter
30 g Zucker · Salz
abgeriebene Schale von ½ Zitrone (Schale unbehandelt)
1 Ei
150 g Powidl (Pflaumenmus)
Zum Beträufeln und Bestreuen:
100 g flüssige Butter
80 g frisch gemahlener Mohn
30 g Puderzucker

Zubereitungszeit: etwa 1 Stunde und 30 Minuten

Das Mehl in eine Schüssel sieben, in die Mitte eine Vertiefung drücken und die Hefe hineinbröckeln. Mit der lauwarmen Milch auflösen, Mehl darüberstreuen und den Vorteig, mit einem Tuch bedeckt, an warmem Platz etwa 15 Minuten gehen lassen, bis die Oberfläche deutliche Risse zeigt. Die Butter zerlassen und mit dem Zucker, ¼ Teelöffel Salz, der Zitronenschale und dem Ei cremig verrühren. Zum Vorteig geben und alles mit dem Mehl zu einem glatten, trockenen, gut formbaren Hefeteig schlagen. Zugedeckt nochmals 15 Minuten gehen lassen. Den Teig auf der mit Mehl bestaubten Arbeitsplatte etwa 1,5 cm dick ausrollen und in Quadrate von 7 × 7 cm schneiden. Jeweils 1 Löffel Powidl daraufgeben, den Teig zusammenfalten und in der hohlen Hand »rundschleifen«. Die Knödel, mit einem Tuch bedeckt, auf einem bemehlten Brett nochmals gehen lassen, bis sie ihr Volumen fast verdoppelt haben. Eine große Kasserolle halb mit Salzwasser füllen. Das Wasser zum Kochen bringen. Wenn es ganz schwach aufwallt, die Knödel einlegen und sieden lassen. Den Topf so zudecken, daß ein Spalt offenbleibt. Nach 10 Minuten den Deckel entfernen, jeden Knödel mit dem Kochlöffelstiel an der Seite anstupfen, damit er sich umdreht. Die Knödel nach weiteren 5 Minuten mit dem Schaumlöffel herausnehmen und sofort mit einer langen Nadel 2–3mal anstechen, damit sie nicht zusammenfallen. Mit Butter beträufeln und mit Mohn-Puderzucker-Gemisch bestreuen.

Knödel, Crêpes, Eierkuchen

Marillenknödel

Im Bild vorne

In der österreichischen Mehlspeisenküche sind süße Desserts aus Kartoffelteig äußerst beliebt und haben es sogar zu internationaler Berühmtheit gebracht. Für einen wirklich guten Kartoffelteig braucht man eine mehlige Sorte, und die Kartoffeln sollten auch nicht gekocht, sondern im Ofen gebacken werden, denn das gibt erst einen schönen trockenen Kartoffelteig.

Zutaten für 4 Portionen (8–12 Knödel):
500 g mehlige Kartoffeln
50 g Butter
50 g Weizengrieß
Salz
1 Ei
100 g Mehl
8–12 frische Aprikosen (Marillen), je nach Größe
eventuell 8–12 Stücke Würfelzucker
Zum Bestreichen:
1 Eigelb
Zum Wälzen und Besieben:
40 g Butter
100 g Semmelbrösel
Puderzucker

Zubereitungszeit: 1 Stunde
Backzeit für die Kartoffeln: etwa 1 Stunde

Die Kartoffeln waschen, auf ein Backblech legen und im vorgeheizten Backofen bei 200 °C bakken, bis die Haut schrumpelig wird und die Kartoffeln gar sind. Die noch warmen Kartoffeln aufbrechen, mit einem Löffel aushöhlen und das Ausgehöhlte durch eine Kartoffelpresse drükken. Auf der Arbeitsplatte erkalten lassen.
In die Mitte der Kartoffelmasse eine Vertiefung drücken. In diese Mulde die weiche Butter, den Grieß, ½ Teelöffel Salz, das Ei und das Mehl geben und alles zu einem glatten Teig kneten. Sollte der Teig zu weich sein, etwas Mehl zugeben. Den Teig dann auf der bemehlten Arbeitsfläche etwa 5 mm dick ausrollen und in 8–12 Quadrate – je nach Größe der Aprikosen – schneiden. Auf jedes Quadrat 1 entsteinte Aprikose (eventuell mit 1 Stück Würfelzucker gefüllt) legen und mit dem Teig umhüllen. In der hohlen Hand zu einem runden Knödel rollen. Die Knödel in kochendes Salzwasser legen und, sobald das Wasser wieder zum Kochen kommt, die Hitze reduzieren, damit die Knödel nur ganz leicht »köcheln« und an die Oberfläche steigen. Die Marillenknödel nach 10–12 Minuten mit einem Schaumlöffel herausnehmen und in kaltem Wasser kurz abschrekken.
In der Zwischenzeit die Butter zerlassen und die Semmelbrösel darin anrösten. Die Knödel in den Semmelbröseln wälzen. Mit Puderzucker besieben und nach Belieben noch zusätzlich mit etwas brauner Butter servieren.

Powidltascherln

Im Bild hinten

Zutaten für 4 Portionen:
Kartoffelteig vom Rezept »Marillenknödel«
100 g Pflaumenmus (Powidl)
Zum Bestreichen:
1 Eigelb
Zum Wälzen und Besieben:
40 g Butter
100 g Semmelbrösel
Puderzucker

Zubereitungszeit: 1 Stunde

Den Kartoffelteig auf einer bemehlten Arbeitsfläche etwa 5 mm dick ausrollen und mit einem runden Ausstecher Plätzchen von 8–9 cm Durchmesser ausstechen. In die Mitte jeweils 1 Teelöffel Pflaumenmus geben. Den Rand mit Eigelb bestreichen und die Plätzchen zu »Tascherln« zusammenklappen. Mit Daumen und Zeigefinger den Rand gut zusammendrücken, damit beim Kochen keine Füllung austreten kann. Die Powidltascherln in kochendes Salzwasser geben und, nachdem sie wieder an die Oberfläche gekommen sind, noch etwa 10 Minuten leicht ziehen lassen. Dann in kaltem Wasser kurz abschrekken und in den mit Butter gerösteten Semmelbröseln wälzen. Vor dem Servieren mit Puderzucker besieben.

Crêpes-Grundrezept

Dieser Crêpes-Teig kann nach der herkömmlichen Methode in der Pfanne gebacken werden oder auch mit dem Spezial-Crêpes-Eisen. Diese gewölbte Pfanne wird auf der Gasflamme erhitzt und dann in den Crêpes-Teig getaucht. Es bleibt nur eine gleichmäßig dünne Teigschicht daran hängen. Sie garantiert so hauchdünne Crêpes, die allerdings nur einseitig gebacken werden.

Zutaten für
16–20 hauchdünne Crêpes
von 15 cm Durchmesser:
100 g Mehl
⅛ l Milch
⅛ l Wasser
¼ Teel. Salz
2 Teel. Zucker
3 Eier
Zum Ausbacken:
120 g Butter

Zubereitungszeit: 1 Stunde
Ruhezeit: mindestens 1 Stunde

Bild 1: Das Mehl mit der Milch, dem Wasser, dem Salz und dem Zucker mit dem Schneebesen in einer Schüssel glattrühren.

Bild 2: Die Eier in den Teig geben und so lange rühren, bis sich Eigelb und Eiweiß vollständig mit dem Mehlteig verbunden haben. Den Teig mindestens 1 Stunde ruhen und ausquellen lassen.

Bild 3: Eine Pfanne von 15 cm Durchmesser fetten. Damit immer ein gleichmäßiger Fettfilm den Pfannenboden bedeckt, sollte man folgende Methode wählen: Die Butter in einer Kasserolle erhitzen und abschäumen. In die heiße Pfanne jeweils einen Löffel voll Butter gießen.

Bild 4: Die Pfanne etwas bewegen, damit die Butter überall hingelangen kann und dann den Rest wieder in die Kasserolle gießen. Dadurch bleibt ein jeweils gleichmäßig starker Fettfilm am Pfannenboden hängen.

Bild 5: Den Teig – man sollte sich einen Löffel oder Schöpflöffel suchen, der gerade die richtige Menge faßt – schnell in die Pfanne gießen und diese gleichzeitig bewegen, damit der Teig den Boden gleichmäßig bedecken kann.

Bild 6: Die Crêpe bei Mittelhitze von beiden Seiten schön hellbraun backen.

Mein Tip: Ganz einfach geht das Backen mit einem Spezial-Crêpes-Eisen. Das Gerät besteht aus einer nach oben gewölbten Pfanne mit einer passenden Schüssel für den Teig. Man kann damit über der Gasflamme backen. Es gibt die Pfanne aber auch elektrisch beheizt.
Den fertigen Teig in die mitgelieferte Schüssel gießen, die heiße Pfanne mit der Wölbung kurz darin eintauchen, wieder herausnehmen und umdrehen. Es bleibt nur eine dünne Teigschicht daran hängen. Nun das Eisen auf die Gasflamme stellen und die Crêpe nur von einer Seite backen.
Mit dieser Methode geraten die Crêpes garantiert hauchdünn, jedoch wirkt sich das einseitige Bakken leider nachteilhaft auf den Geschmack aus.

Crêpes mit Himbeer-Orangen-Sauce

Dieser Teig wird durch die Verwendung des Cidre ganz besonders luftig. Wenn Sie keinen Cidre zur Hand haben, tut's auch Bier! Den Teig unbedingt mindestens 1 Stunde quellen lassen. Erst dann werden die Crêpes schön zart.

Zutaten für 12–15 Crêpes
von 15 cm Durchmesser:
Für den Teig:
100 g Mehl
⅛ l Milch
⅛ l Cidre
(französischer Apfelwein)
1 Messerspitze Salz
1 Eßl. Zucker
3 Eier
Zum Ausbacken:
Butter
Für die Sauce:
2 Orangen
(Schale unbehandelt)
1 Limette
50 g Butter
40 g Zucker
2 Eßl. Honig
⅛ l Weißwein
2 cl Orangenlikör
4 cl Himbeergeist
250 g frische Himbeeren,
notfalls tiefgefrorene Himbeeren

Zubereitungszeit: 1 Stunde und 45 Minuten

Das Mehl mit der Milch, dem Cidre, dem Salz und dem Zucker in einer Schüssel mit dem Schneebesen glattrühren. Die Eier dazugeben und so lange rühren, bis ein glatter Teig entstanden ist. Im Kühlschrank mindestens 1 Stunde quellen lassen.

In einer Pfanne von 15 cm Durchmesser 12–15 Crêpes in Butter ausbacken, wie auf Seite 66/67 beschrieben.

Die Orangen (man sollte unbedingt unbehandelte Früchte aus dem Reformhaus nehmen) mit heißem Wasser abbürsten und die Schale dünn abreiben. Dann die Orangen und die Limette auspressen. Die Butter in einer Pfanne zerlaufen lassen, den Zucker und den Honig zufügen und unter Rühren schmelzen lassen, bis die Mischung leicht hellbraun ist. Dann den Orangen- und Limettensaft sowie die abgeriebene Orangenschale zugeben. Jetzt erst den Weißwein zugießen und das Ganze etwa 10 Minuten leise köcheln lassen.

Die Crêpes in die Sauce legen und einige Male wenden. Mit dem Orangenlikör und dem Himbeergeist übergießen und auf ganz schwacher Hitze noch einige Minuten ziehen lassen. Die Crêpes dabei öfters umwenden. Zum Schluß die frischen Himbeeren zugeben. Verwendet man Himbeeren aus der Tiefkühltruhe, dann sollten diese erst vollständig auftauen, bevor man sie in die Pfanne gibt.

Variante: Crêpes Suzette

Die Schale von 1 Orange (Schale unbehandelt) mit 4 Würfelzuckerstückchen abreiben. 40 g Butter in einer Pfanne zerlaufen lassen, die zerkleinerten Zuckerwürfel und zusätzlich 60 g Zucker darin schmelzen lassen. Mit 10 cl Orangensaft (0,1 l) und 2 cl Zitronensaft ablöschen und die Sauce etwas reduzieren (einkochen lassen).

In diese Sauce 6–8 Crêpes legen und darin wenden. Mit 4 cl Grand Marnier und 2 cl Marc de Champagne (Tresterbranntwein) übergießen und flambieren.

Variante: Crêpes mit Ahornsirup und Walderdbeeren

120 g Walderdbeeren verlesen, wenn nötig, waschen und in einem Sieb abtropfen lassen. 120 g Ahornsirup in einem Saucentopf langsam erhitzen. Die Walderdbeeren hineingeben und darin erwärmen, jedoch nicht kochen lassen.

4 Crêpes auf Teller legen und den Ahornsirup mit den Erdbeeren darauf verteilen. Mit je 1 Klecks halbsteif geschlagener, ungesüßter Sahne garnieren und sofort servieren.

Topfen- palatschinken

Palatschinken, diese feinen, dünnen Pfannkuchen aus der Wiener Mehlspeisenküche, können mit jeder Art von Marmelade oder anderen süßen Füllungen bestrichen und dann eingerollt als Dessert gereicht werden. Mit Quark gefüllt, werden sie in eine Auflaufform geschichtet, mit Royale (Eisahne) übergossen und gebacken.

Zutaten für 4–6 Portionen:
100 g Mehl
⅛ l Milch
¹⁄₁₆ l Sahne · 2 Eier
1 Prise Salz
1 Teel. Zucker · 1 EßI. Öl
Zum Backen:
Butter
Für die Füllung:
50 g Rosinen
2 cl brauner Rum
50 g Butter
100 g Zucker
¼ Teel. Salz
abgeriebene Schale von 1 Zitrone (Schale unbehandelt)
2 Eigelbe
400 g Quark
2 Eiweiße
Für die Royale:
1 Ei · ¹⁄₁₆ l Sahne
1 EßI. Zucker
Zum Bestreuen und Besieben:
Butterflöckchen
Puderzucker

Zubereitungszeit: etwa 1 Stunde
Ruhe- und Einweichzeit: 1 Stunde
Backzeit: 25 Minuten

Das Mehl in eine Schüssel geben. Die Milch, die Sahne, die Eier, das Salz, den Zucker und das Öl zufügen und alles zu einem glatten, dünnen Teig verrühren. Etwa 1 Stunde ruhen lassen.
Die Rosinen in dem Rum etwa 1 Stunde einweichen.
Den Teig nochmals durchrühren und in einer Pfanne von 18 cm Durchmesser 8–10 dünne Palatschinken (Pfannkuchen) in Butter backen. Auf einen Teller schichten. Für die Füllung die weiche Butter mit der Hälfte des Zuckers, dem Salz und der abgeriebenen Zitronenschale schaumig rühren, dann die Eigelbe einrühren. Mit dem Quark und den eingeweichten Rosinen vermengen. Die Eiweiße mit den restlichen 50 g Zucker zu steifem Schnee schlagen und unter die Quarkmasse ziehen. Auf jede Palatschinke in der Mitte einen dicken Quarkstrang auftragen und die beiden Seiten darüberlegen. Eine Auflaufform buttern und die gefüllten Pfannkuchen mit den übereinandergeschlagenen Seiten nach unten mit etwas Zwischenraum nebeneinander hineinlegen. Für die Royale das Ei mit der Sahne und dem Zucker verquirlen und über die Palatschinken gießen. Mit Butterflöckchen besetzen und im vorgeheizten Backofen bei 200 °C 25 Minuten backen. Mit Puderzucker besieben und sofort servieren.

Variante: Aprikosenpalatschinken

120 g frische Aprikosen blanchieren, die Haut abziehen, die Steine entfernen und das Fruchtfleisch in Stücke schneiden. 100 g Aprikosenmarmelade aufkochen und die Aprikosenstücke 1–2 Minuten darin ziehen lassen. Von der Kochstelle nehmen und 2 cl Vanillelikör unterrühren. Die Palatschinken damit füllen, mit 30 g Butter bestreichen und einige Minuten überbacken. Mit 60 g geriebenen Walnüssen bestreuen, mit Puderzucker besieben und mit je ½ Aprikose garnieren.
Die Menge ergibt 4 Portionen.

Variante: Schokoladen- palatschinken

Die Palatschinken mit 100 g Sauerkirschkonfitüre füllen und aufrollen. Mit 40 g Butter bestreichen. In einer Auflaufform bei 200 °C 5–6 Minuten überbacken. ⅛ l Wasser mit 80 g Zucker, 40 g Butter und 20 g Kakao aufkochen. Vom Herd nehmen, 2 cl Rum und 100 g gehackte bittere Schokolade einrühren. Die Sauce heiß über die Palatschinken gießen. Schlagsahne dazu servieren.
Die Menge ergibt 4 Portionen.

Schaumomelettes, diese luftigen Eierkuchen, schmecken mit den verschiedensten Füllungen. Man kann sie mit nur einer Fruchtsorte füllen, aber auch mit gemischten Kompottfrüchten, Konfitüre oder einer Schokoladencreme.

Schaumomelette mit Kirschen

Zutaten für 4 Omeletten
von 18 cm Durchmesser:
Für die Füllung:
1 Glas Süßkirschen
(Abtropfgewicht 225 g)
½ Zimtstange
1 Nelke
Schale von 1 Zitrone
(Schale unbehandelt)
2 Teel. Speisestärke
Für den Teig:
4 Eigelbe
½ Vanilleschote
6 Eiweiße
100 g Zucker
50 g Mehl
40 g Butter
Zum Ausbacken:
40 g Butter
Zum Besieben:
Puderzucker

Zubereitungszeit: 30 Minuten
Backzeit: 4 × 10 Minuten

Den Kirschsaft ablaufen lassen und mit der Zimtstange, der Nelke und der Zitronenschale aufko-chen. Die Speisestärke mit etwas zurückbehaltenem Saft anrühren und den Kirschsaft damit binden. Die Kirschen zugeben. Abkühlen lassen.

Für den Teig die Eigelbe mit dem ausgeschabten Mark der Vanilleschote gut verrühren. Die Eiweiße mit dem Zucker ganz steif schlagen und mit einem Holzlöffel vorsichtig unter die Eigelbmasse heben. Das Mehl darübersieben und unterziehen. Zum Schluß die heiße Butter langsam beifügen.

In einer Stielpfanne von 18 cm Durchmesser 10 g Butter zerlassen und ¼ der Omelettemasse darüberfüllen. Die Oberfläche mit einer Palette glattstreichen. Die Pfanne 1–2 Minuten auf den Herd stellen, damit der Teig leicht anzieht. Dann im vorgeheizten Backofen bei 200 °C 10 Minuten backen. Auf diese Weise 4 Omeletten backen, entweder nacheinander oder noch besser jeweils 2 gleichzeitig in zwei gleichgroßen Pfannen.

Die Schaumomelettes mit den gebundenen Kirschen füllen, zusammenklappen und auf Portionsteller gleiten lassen. Mit Puderzucker besieben und sofort servieren.

Varianten: Schaumomelette mit Ananaskompott oder mit gemischten Früchten

Die Schaumomeletten nach dem vorhergehenden Rezept zubereiten und ganz nach Belieben mit Ananaskompott oder mit gemischten Früchten der Saison füllen.
Die Menge ergibt 4 Portionen.

Variante: Kaiserschmarren

80 g Mehl mit ⅛ l Milch, 2 Eigelben und 1 Messerspitze Salz zu einem glatten Teig verrühren. 2 Eiweiße mit 1 Eßlöffel Zucker zu steifem Schnee schlagen und zusammen mit 40 g Rosinen unter den Teig ziehen.

30 g Butter in einer Pfanne von 30 cm Durchmesser zerlaufen lassen. Den Teig hineingießen und glattstreichen. Kurz auf dem Herd anbacken und dann im Backofen bei 190 °C in 8–10 Minuten fertigbacken.

Aus dem Ofen nehmen und mit zwei Gabeln in Stücke reißen. Auf einer Platte anrichten, kräftig mit Puderzucker besieben und sofort servieren.
Die Menge ergibt 2–4 Portionen.

Vanillesoufflé

Keine Angst vor diesem luftigsten aller Desserts. Das folgende Rezept kann man ohne Schwierigkeiten nachvollziehen, vorausgesetzt man beachtet die Regeln und besitzt eine Souffléform. Der Rand dieser ganz typischen Formen aus Steingut, Porzellan oder hitzebeständigem Glas verläuft absolut senkrecht nach oben, damit das Soufflé auch gleichmäßig hoch aufgehen kann.

Zutaten für 6–8 Portionen (eine Souffléform von 18 cm Durchmesser):
50 g Butter · 50 g Mehl
½ Vanilleschote
¼ l Milch
4 Eier · 70 g Zucker
Für die Form:
Butter und Zucker
8 Löffelbiskuits
4 cl Orangenlikör
Zum Besieben:
Puderzucker

Zubereitungszeit: 50 Minuten
Backzeit: 40–50 Minuten

Bild 1: Zunächst die weiche Butter mit dem Mehl verkneten, zu einer Rolle formen und in Scheiben schneiden. Die aufgeschnittene Vanilleschote in die Milch geben, aufkochen und mit der Mehlbutter binden. Dazu die Scheibchen nacheinander in die kochende Milch rühren.

Bild 2: Mit dem Schneebesen weiterrühren, bis das Mehl die Flüssigkeit gebunden hat und eine glatte Masse entstanden ist.

Bild 3: Die Eigelbe vom Eiweiß trennen und nacheinander unter die abgekühlte Masse rühren. In einer zweiten Schüssel das Eiweiß von Anfang an mit dem gesamten Zucker zu Schnee schlagen. Diese Methode ergibt zwar nicht so viel Volumen, der Schnee wird aber fester und widerstandsfähiger.

Bild 4: Den Schnee mit der Soufflémasse vermengen. Dazu die Masse in eine Schüssel umfüllen und zuerst ¼ des Eischnees zugeben und darunterrühren. Den großen Rest dann vorsichtig unterziehen.

Bild 5: Die Souffléform mit flüssiger Butter ausstreichen, mit Zucker ausstreuen und den Boden mit den Löffelbiskuits belegen. Diese mit dem Orangenlikör beträufeln. Die Masse in die vorbereitete Form füllen. Die Form in ein etwa 4–5 cm hohes, heißes Wasserbad stellen und in den auf 200 °C vorgeheizten Backofen schieben. Die Wassertemperatur sollte 80 °C möglichst nicht übersteigen, deshalb die Hitze wieder reduzieren. Das Vanillesoufflé 40–50 Minuten garen. Sollte das Soufflé nach Ende der Backzeit nicht braun genug sein, so kann man es vorsichtig aus dem Wasserbad heben und noch etwa 5–10 Minuten im Ofen bei 200 °C fertig backen.

Bild 6: Das Vanillesoufflé noch heiß mit Puderzucker besieben und sofort servieren.

Variante: Schokoladensoufflé

Es schmeckt besonders fein, wenn die Löffelbiskuits statt mit Orangenlikör mit Rum oder Cognac getränkt werden. Das Rezept ist weitgehend identisch mit dem nebenstehenden Rezept Vanillesoufflé, jedoch werden in der Milch zusätzlich 100 g bittere Schokolade gelöst und mit aufgekocht.

Nockerln auf Kompott

Sie werden zwar zubereitet wie die nachfolgenden »echten Salzburger Nockerln«, jedoch mit ihrer Unterlage aus einem säuerlichen Kompott von Ananas und Johannisbeeren sind sie nicht so süß, trotzdem aber luftig und locker.

Zutaten für 4 Portionen:
Für das Kompott:
⅛ l Rotwein
60 g Zucker
1 Messerspitze gemahlener Zimt
½ frische Ananas
(etwa 250 g Fruchtfleisch)
200 g frische Johannisbeeren
2 cl Cognac
Für die Nockerln:
4 Eiweiße
40 g Zucker
3 Eigelbe
30 g Mehl
abgeriebene Schale von
½ Zitrone (Schale unbehandelt)
Für die Form:
30 g Butter
Zum Besieben:
Puderzucker

Zubereitungszeit: etwa 1 Stunde

Für das Kompott den Rotwein mit dem Zucker und dem Zimt einmal aufkochen. Von der halben Ananas den Stiel und die Blattkrone abbrechen, die Frucht schälen und das Fruchtfleisch in kleine Stücke schneiden. Dabei darauf achten, daß von dem holzigen Strunk nichts mitverwendet wird. Die Johannisbeeren waschen und trockentupfen. Die Ananasstücke zusammen mit den abgezupften Johannisbeeren in den Rotwein geben, einmal kräftig aufkochen lassen und dann den Cognac zusetzen. Erkalten lassen. Eine Auflaufform mit Butter ausstreichen und das kalte Kompott hineingeben. Die Eiweiße zu Schnee schlagen und den Zucker langsam einrieseln lassen. Dies sollte in einer möglichst großen Schüssel oder im Schneekessel (Rührschüssel aus Kupfer oder Edelstahl) geschehen. Die Eigelbe an der Seite der Schüssel hineingleiten lassen und mit dem Schneebesen mit wenig Schnee zu einer glatten Masse verrühren, ohne den übrigen Schnee zu berühren. Dann das Mehl und die abgeriebene Zitronenschale gleichmäßig auf dem Schnee verteilen. Alle Zutaten mit dem Schneebesen zügig verrühren, damit der Schnee möglichst wenig an Volumen verliert. Mit einem Teigschaber große Nockerln (Häufchen) auf das Kompott setzen. Dabei darauf achten, daß die Nockerln ihre Form behalten, pyramidenförmig hoch aufragen und die Zwischenräume deutlich sichtbar sind. Im vorgeheizten Backofen bei 220 °C etwa 2–4 Minuten schön hellbraun backen, sofort mit Puderzucker besieben und gleich servieren.

Variante: Salzburger Nockerln

Aus den gleichen Zutaten, aber ohne Kompott, werden die Salzburger Nockerln zubereitet. Statt der abgeriebenen Zitronenschale das Mark von ½ Vanilleschote zugeben.
Die Butter in der Auflaufform zerlassen, die Nockerln mit dem Teigschaber abstechen und in die Form setzen. Bei 220 °C in 2–4 Minuten schön hellbraun backen, mit Puderzucker besieben und sofort servieren.
Die Menge ergibt 4 Portionen.

Variante: Nockerln mit Preiselbeerkompott

Der herbe Geschmack der Preiselbeeren harmoniert ganz besonders gut mit den Nockerln. Die Form wird dafür mit 4 Scheiben Zwieback ausgelegt. 6 Eßlöffel Preiselbeerkompott mit 3 Eßlöffeln kräftigem Rotwein verrühren. Die Mischung über die Zwiebackscheiben verteilen und etwa 15 Minuten einziehen lassen, bevor die Nockerlmasse daraufkommt und gebacken wird.
Die Menge ergibt 4–5 Portionen.

Schokoladenpudding mit Schlagsahne und Preiselbeersauce

Dieser Schokoladenpudding mit seiner Haube aus halbsteif geschlagener Sahne ist in Österreich als »Mohr im Hemd« bekannt. Er gehört dort mit zu den beliebtesten Mehlspeisen.

Zutaten für 6–8 Portionen (eine Puddingform von 1,2 l Inhalt):
90 g bittere Schokolade
6 Eigelbe
½ Vanilleschote
100 g Zucker
¼ Teel. gemahlener Zimt
50 g geschälte, geriebene Mandeln
60 g geriebene Haselnüsse
6 Eiweiße
¼ l Sahne
2 Eßl. Zucker
Für die Form:
Butter · Zucker

Zubereitungszeit: etwa 1 Stunde und 30 Minuten

Die Puddingform mit der weichen Butter sorgfältig ausstreichen und mit Zucker ausstreuen.
Die Schokolade in Stücke brechen und im Wasserbad auflösen. Mit den Eigelben, dem herausgekratzten Mark der halben Vanilleschote, der Hälfte des Zuckers und dem Zimt schaumig rühren. Die geriebenen Mandeln und Haselnüsse mischen. Die Eiweiße mit den restlichen 50 g Zucker zu steifem Schnee schlagen. Etwa ¼ des Eischnees unter die Schokoladen-Eigelb-Masse rühren und dann den übrigen Eischnee mit der Mandel-Haselnuß-Mischung vorsichtig unterheben.
Die Masse in die vorbereitete Form füllen. In ein Wasserbad stellen (der Wasserspiegel sollte bis etwa 2 cm unter den Rand reichen) und im vorgeheizten Backofen bei 170 °C 35–40 Minuten garen. Das Wasser darf nicht kochen, sondern sollte immer gerade unter dem Siedepunkt gehalten werden. Zur Sicherheit mit einem Holzstäbchen prüfen, ob der Pudding gar ist.
Die Sahne mit 2 Eßlöffeln Zucker nur halbsteif schlagen und mit Preiselbeersauce zum Pudding servieren.

Preiselbeersauce

Zutaten für 6–8 Portionen:
250 g Preiselbeeren, frisch oder tiefgefroren
2 Eßl. Honig
2 Eßl. Zucker
⅛ l Rotwein
1 Stück Zimtstange

Zubereitungszeit: 20 Minuten

Frische Preiselbeeren sorgfältig verlesen, waschen und abtropfen lassen; tiefgefrorene auftauen lassen. Den Honig mit dem Zucker, dem Rotwein und der Zimtstange zum Kochen bringen und etwa 5 Minuten einkochen lassen. Die Preiselbeeren zugeben und weitere 5 Minuten leicht köcheln lassen. Das Kompott erkaltet zum Schokoladenpudding reichen.

Variante: Gewürzpudding

Sie brauchen dazu 80 g bittere Schokolade, 6 Eigelbe, 100 g Zucker, die abgeriebene Schale von 1 Zitrone (Schale unbehandelt), 1 Messerspitze Nelkenpulver, 1 Messerspitze Kardamom, 1 Teelöffel Zimt, 50 g Marzipanrohmasse, 80 g geschälte, geriebene Mandeln, 50 g Semmelbrösel, 6 Eiweiße. Die Zubereitung ist identisch mit der des nebenstehenden Rezeptes. Die Gewürze und die Marzipanrohmasse werden mit der Schokoladen-Eigelb-Mischung schaumig gerührt. Mit Schlagsahne oder einem französischen Sabayon (Rezept Seite 10) servieren.
Die Menge ergibt 6–8 Portionen.

Sächsischer Pudding

Zutaten für 4 kleine Puddings (Förmchen von 7–8 cm Durchmesser) oder 2 Puddings von 18 cm Durchmesser (wie auf dem Bild):
¼ l Milch
1 Vanilleschote
130 g Butter
120 g Mehl
11 Eiweiße
8 Eigelbe
100 g Zucker
50 g abgezogene, feingeriebene Mandeln
Für die Formen:
Butter · Zucker
Für die Sauce:
1 Teel. Butter
150 g Zucker
Saft von 2 Orangen
400 g gemischte Früchte, zum Beispiel Melonenkugeln, Erdbeeren, Himbeeren, Brombeeren, abgezogene Weintrauben, Ananasstücke
Zum Garnieren:
Schlagsahne

Zubereitungszeit: etwa 45 Minuten ohne Backzeit
Backzeit: 25–30 Minuten

Die Förmchen oder Formen buttern und mit Zucker ausstreuen. In einem Topf die Milch mit der aufgeschnittenen Vanilleschote erhitzen, einmal aufkochen lassen, dann die Vanilleschote entfernen. In einer Stielkasserolle die Butter erhitzen, das Mehl vorsichtig einrühren und hell anschwitzen. Die Mehlschwitze auf dem Herd mit der heißen Milch abrühren.

Die Masse in eine Schüssel umfüllen und zunächst 3 ungeschlagene Eiweiße darunterrühren. Dann ein Eigelb nach dem anderen zugeben und die Masse immer wieder glattrühren. Die restlichen 8 Eiweiße mit dem Zucker zu steifem Schnee schlagen und davon etwa ⅓ mit dem Schneebesen unter die Masse rühren. Den übrigen Schnee zusammen mit den geriebenen Mandeln mit einem Kochlöffel unterziehen, nicht rühren. Dabei ganz behutsam vorgehen, damit die Masse möglichst wenig an Volumen verliert.

Zum Füllen der Formen die Puddingmischung in einen Spritzbeutel mit großer Lochtülle geben. Die Formen nur bis zu ¾ füllen, da der Pudding beim Backen sehr aufgeht. Die Formen in ein Wasserbad setzen (der Wasserspiegel sollte bis etwa 2 cm unter den Rand reichen) und im vorgeheizten Backofen bei 180 °C 25 bis 30 Minuten backen lassen.

Für die Sauce die Butter und den Zucker in ein Pfännchen geben und unter Rühren schmelzen und hellbraun karamelisieren lassen. Mit dem Orangensaft aufgießen und alles gut verrühren. Den Karamel abkühlen lassen und die vorbereiteten Früchte hineingeben.

Den Pudding gestürzt auf Tellern anrichten, die Früchte mit der Sauce dazugeben und mit etwas Schlagsahne garnieren.

Variante: Pfefferkuchenpudding

Sie brauchen dazu 120 g Butter, 100 g Mehl, ¼ l Milch, 11 Eiweiße, 8 Eigelbe, 100 g Zucker. Daraus die Grundmasse zubereiten wie beim sächsischen Pudding. Zum Schluß wird mit dem restlichen Eischnee eine Mischung aus 80 g geriebenem Honigkuchen, 30 g geriebenen Haselnüssen, 1 Teelöffel gemahlenem Zimt, je 1 Messerspitze gemahlenem Kardamom und Nelken behutsam untergezogen. Die Masse in die gebutterten, mit Zucker ausgestreuten Formen füllen und im Wasserbad bei 180 °C 25–30 Minuten backen.
Mit Schokoladensauce (Rezept Seite 13) servieren.
Die Menge ergibt 4 Portionen.

»Selbstgemacht« ist zwar ganz schön, aber was Eiscreme betrifft, so macht dies im Haushalt schon etwas Mühe. Mit fertig gekaufter Eiscreme aber, und die gibt es wahrlich in guter Qualität, lassen sich lukullische Desserts zaubern, und vor allem in kurzer Zeit.

Walnußeis auf Ingwerschaum

Im Bild vorne

Zutaten für 4 Portionen:
1 Becher körniger Frischkäse (200 g)
3 Eiweiße
70 g Zucker
60 g eingelegter Ingwer
2 cl Curaçao
8 kleine Kugeln Walnußeis

Zubereitungszeit: 15 Minuten

Für den Ingwerschaum den gut gekühlten Frischkäse auf einem Sieb ablaufen lassen. Die Eiweiße zu Schnee schlagen und den Zukker langsam einrieseln lassen. Der Schnee soll schnittfest sein. Den Ingwer ebenfalls ablaufen lassen und in ganz kleine Würfel schneiden. Mit dem Curaçao mischen und zusammen mit dem abgetropften Frischkäse unter den Eischnee ziehen. Diese Mischung in vier Schalen oder Gläser verteilen und mit jeweils 2 Kugeln Walnußeis servieren.

Obstsalat mit Kirscheis

Im Bild hinten links

Zutaten für 4 Portionen:
500 g gemischtes Obst (zum Beispiel abgezogene Weintrauben, Melonenkugeln, frische Feigen, Himbeeren, Pfirsiche, Aprikosen, Kumquats)
3 Eßl. Puderzucker
4 cl Kirschwasser oder Himbeergeist
1 Eiscreme-Hausbecher »Kirsch«
Zum Garnieren:
⅛ l Sahne
1 Eßl. Zucker

Zubereitungszeit: 25 Minuten

Die Mischung für den Obstsalat sollte jeweils nach dem Angebot der Saison zusammengestellt werden. Die Früchte kleinschneiden und in eine Schüssel geben. Mit dem Puderzucker bestreuen und das Kirschwasser oder den Himbeergeist darübergießen. Zugedeckt etwa 1 Stunde marinieren lassen.
Den Obstsalat in vier Gläser verteilen. Das Kirscheis aus der Verpackung nehmen, in Viertel schneiden und jeweils ein Stück auf den Obstsalat setzen. Die Sahne mit dem Zucker steif schlagen und damit den Salat garnieren.

Himbeerkompott mit Eis

Im Bild hinten rechts

Zutaten für 4 Portionen:
⅛ l trockener Rotwein
Saft von 1 Orange
Saft von ½ Zitrone
80 g Zucker
400 g frische oder tiefgefrorene Himbeeren
1 Teel. Speisestärke
Vanille- und Schokoladeneis
Zum Garnieren:
⅛ l Sahne
1 Eßl. Zucker
Waffeln

Zubereitungszeit: 15–20 Minuten

Den Rotwein mit dem Orangen- und Zitronensaft sowie dem Zukker 2–3 Minuten kräftig einkochen. Dann die frischen (oder tiefgefrorenen) Himbeeren zugeben und nochmals aufkochen lassen. Die Speisestärke mit etwas Wasser anrühren und die Flüssigkeit damit binden. Das Kompott nach nochmaligem Aufkochen erkalten lassen.
Das Himbeerkompott in vier Schalen verteilen und mit jeweils 1 »Locke« (Kugel) Vanille- und 1 »Locke« Schokoladeneis belegen. Die Sahne mit dem Zucker steif schlagen und die Desserts damit garnieren. Jeweils 1 Waffel hineinstecken.

Fruchtsorbets

Ein Sorbet ist ein leichtes Frucht-eis von unterschiedlichster Konsistenz, sowohl ein idealer Nachtisch, als auch ein erfrischender Zwischengang. Mit einer »Sorbetiere« läßt es sich ganz einfach zubereiten. Diese kleine Haushaltseismaschine ist aber sehr teuer.
Man kann ein Sorbet jedoch genausogut im Gefriergerät zubereiten, nur muß man es wiederholt durchrühren. Die Schüssel und der Schneebesen müssen zusammen gerade ins Gefriergerät passen. Man läßt die Sorbetmasse darin am Rand und an der Oberfläche etwas anfrieren, rührt sie durch und läßt erneut frieren. Diesen Vorgang muß man so oft wiederholen, bis eine cremige Eismasse entstanden ist.

Kokosnußsorbet

Im Bild vorne links

Zutaten für 6 Portionen:
1 Dose Coconut-Juice, leicht gesüßt (220 ccm)
⅛ l Mineralwasser
2 cl brauner Rum
2 Eiweiße
100 g Zucker
Schokoladensauce (Rezept Seite 13)
Waffeln oder Hohlhippen

Zubereitungszeit: 15 Minuten
Gefrierzeit: 3–6 Stunden

Den Coconut-Juice mit dem Mineralwasser und dem Rum mischen. Die Eiweiße zu Schnee schlagen, dabei den Zucker langsam einrieseln lassen. Den Eischnee mit dem Schneebesen unter die Coconut-Mischung rühren und cremig frieren. Das Gefrorene in einen Spritzbeutel mit Sterntülle füllen und in gekühlte Gläser spritzen. Mit Schokoladensauce und Waffeln garnieren.

Kiwisorbet

Im Bild vorne rechts

Zutaten für 8–10 Portionen:
150 g Zucker · ¼ l Wasser
450 g Kiwis (5–6 Stück)
1 Eiweiß · Saft von 1 Zitrone
¼ l Weißwein
Für die Sauce:
250 g Himbeeren · 2 Eßl. Honig
40 g Zucker · ⅛ l Rotwein
2 cl Himbeergeist

Zubereitungszeit: 45 Minuten
Gefrierzeit: 3–6 Stunden

Den Zucker mit dem Wasser kurz aufkochen und erkalten lassen. Die Kiwis schälen und im Mixer pürieren. Die Hälfte des Pürees oder auch alles durch ein Sieb passieren, damit nicht allzu viele Kerne im Sorbet sind. Das Eiweiß steif schlagen. Das Fruchtmark, den Zitronensaft, den Wein, den Eischnee und den Zuckersirup gut mischen. Geschmeidig frieren.
Die Himbeeren zerdrücken und mit dem Honig, dem Zucker und dem Rotwein aufkochen. Bei geringer Hitze in 10–12 Minuten bis auf die Hälfte einkochen lassen. Den Himbeergeist zusetzen. Die Sauce durch ein Sieb gießen und erkalten lassen. Das Sorbet in vorgekühlte Gläser füllen und mit der Himbeersauce übergießen.

Johannisbeer-sorbet

Im Bild hinten

Zutaten für 6–8 Portionen:
500 g rote Johannisbeeren
⅛ l guter Sauternes (süßer französischer Weißwein)
2 Eiweiße
110 g Zucker
6–8 Kompottpfirsiche
etwas Crème de cassis (schwarzer Johannisbeerlikör)

Zubereitungszeit: 20 Minuten
Gefrierzeit: 3–6 Stunden

Die Johannisbeeren waschen, abzupfen, im Mixer pürieren und den Wein dazugießen. Durch ein nicht allzu feines Sieb passieren. Die Eiweiße steif schlagen. Den Zucker langsam einrieseln lassen. Den Schnee unter das Fruchtmus rühren und cremig frieren.
Die Pfirsichhälften mit der Höhlung nach oben in vorgekühlte Gläser geben, etwas Crème de cassis hineinträufeln und das Sorbet mit dem Spritzbeutel darüberspritzen.

Feine Eisdesserts

Granités

Als Granité wird der gefrorene Saft von säuerlichen Früchten mit Wein oder Champagner bezeichnet, alles nur sehr mäßig gesüßt. Durch den niedrigen Zuckergehalt bilden sich beim Gefrieren kleine Kristalle. Ganz nach Wunsch kann man ein Granité grobkörnig oder etwas feiner gefrieren; es sollte jedoch immer an gestoßenes Eis erinnern.

Rotweingranité mit Früchten

Im Bild vorne

Zutaten für 4 Portionen:
90 g Zucker
10 cl Wasser (0,1 l)
Saft von ½ Limette
Saft von ½ Orange
einige Blättchen Zitronenmelisse
½ Flasche guter Burgunderwein (0,35 l)
250 g gemischte frische Früchte (Ananas, Melonenkugeln, Himbeeren, Pfirsiche und so weiter)
1 Teel. Zucker
1 Eßl. Zitronen- oder Limettensaft

Zubereitungszeit: 30 Minuten
Gefrierzeit: mindestens 3 Stunden

Den Zucker mit dem Wasser, dem Limetten- und Orangensaft sowie den Melisseblättchen 2–3 Minuten kochen, dann abkühlen lassen. Mit dem Burgunder mischen und die Melisseblättchen entfernen. Die Flüssigkeit in einem möglichst flachen Gefäß ins Gefriergerät stellen. Wenn sie am Rand zu frieren beginnt, mit einem Löffel durchrühren. Diesen Vorgang mehrmals wiederholen, je nachdem, wie fein die Körnung sein soll.
Die vorbereiteten Früchte in eine Schüssel geben und mit dem Zucker sowie dem Limetten- oder Zitronensaft einige Minuten zugedeckt im Kühlschrank marinieren. Das Granité mit den gut gekühlten Früchten in vier Gläser füllen und sofort servieren.

Pfefferminz-granité

Im Bild hinten

Zutaten für 4 Portionen:
30 g Puderzucker
½ Flasche trockener Champagner oder trockener Weißwein (0,35 l)
Saft von ½ Zitrone
½ Eßl. gehackte Pfefferminzblätter
8 Eßl. Pfefferminzlikör
Zum Garnieren:
Pfefferminzblättchen und Limettenscheiben nach Belieben

Zubereitungszeit: 10 Minuten
Gefrierzeit: mindestens 3 Stunden

Ein möglichst flaches Gefäß (eine wasserdichte Kuchenform eignet sich gut) mit dem Puderzucker ausstauben. Den Champagner oder Weißwein mit dem Zitronensaft und den gehackten Pfefferminzblättchen mischen und auf die Puderzuckerschicht gießen. Ins Gefriergerät stellen und, sobald die Flüssigkeit am Rand zu frieren beginnt, mit einem Löffel durchrühren. Diesen Vorgang mehrmals wiederholen.
Das fertige Eis abschaben, in vier gekühlte Gläser füllen und jede Portion mit je 2 Eßlöffeln Pfefferminzlikör übergießen. Nach Belieben mit Pfefferminzblättchen und Limettenscheiben garnieren.

Variante: Granité von Walderdbeeren

250 g frische Walderdbeeren pürieren und mit dem Saft von 1 Zitrone und 1 Orange, 70 g Puderzucker und ⅜ l leichtem Rotwein mischen. Weiter verfahren, wie in den vorhergehenden Rezepten beschrieben.
Halbsteif geschlagene, mit Vanillemark parfümierte Sahne dazu servieren.
Die Menge ergibt 4–8 Portionen.

Feine Eisdesserts

Orangen-Eissoufflé

Dieses feine Eisdessert hat tatsächlich die Luftigkeit eines Soufflés. Deshalb wird es in einer Souffléform gefroren, und mit der Decke aus Kakaopulver sieht es auch ähnlich aus. Natürlich kann man eine beliebige andere Form verwenden oder, was besonders praktisch ist, kleine Portionsschälchen.

Zutaten für 8 Portionen
(eine Souffléform von
1¼ l Inhalt oder
8 Portionsschälchen):
8 Eigelbe
250 g Zucker
3 Blatt Gelatine
¼ l frischer Orangensaft
2 cl Cointreau
4 Eiweiße
⅜ l Sahne
1 Eßl. Zucker
Zum Besieben:
Kakao

Zubereitungszeit: 50 Minuten
Gefrierzeit: am besten über Nacht

Die Eigelbe mit 125 g Zucker cremig schlagen. Die Gelatine einweichen, gut ausdrücken, auflösen und unter die Eimasse rühren. Die Masse im Wasserbad unter ständigem Rühren erhitzen, bis sie so dick ist, daß sie einen Löffel leicht überzieht. Von der Kochstelle nehmen und den durchgesiebten Orangensaft sowie den Likör einrühren. In eine große Rührschüssel umfüllen und im Kühlschrank so weit erkalten lassen, bis die Masse sirupähnlich ist. Das Eiweiß steif schlagen und dabei die restlichen 125 g Zucker nach und nach einrieseln lassen. Den Eischnee nun mit einem Schneebesen unter die Eigelbmasse rühren. Die Sahne mit 1 Eßlöffel Zucker steif schlagen und zum Schluß vorsichtig mit einem Kochlöffel unter die Creme ziehen. Eine Manschette aus doppeltem Pergamentpapier falten und mit Klebestreifen an der Außenseite der Form befestigen. Die Masse einfüllen und die Oberfläche glattstreichen. Das Eissoufflé im Gefriergerät über Nacht frieren lassen.
Vor dem Servieren die Manschette entfernen und die Oberfläche mit Kakao besieben.

Variante: Erdbeer-Eissoufflé

Sie brauchen dazu 7 Eigelbe, 250 g Zucker, 3 Blatt Gelatine, den Saft von 1 Zitrone, ⅛ l trockenen Weißwein, 4 Eiweiße, ⅜ l Sahne und 1 Eßlöffel Zucker sowie 200 g pürierte frische Erdbeeren. Die Zubereitung ist die gleiche wie beim Orangen-Eissoufflé, jedoch wird statt Orangensaft eine Mischung aus dem Zitronensaft und dem Weißwein verwendet. Unter die Hälfte der fertigen Soufflémasse wird das Erdbeerpüree gerührt; dieses wird in die Form gefüllt und die helle Zitronen-Soufflémasse daraufgegeben.
Die Menge ergibt 8 Portionen.

Variante: Mokka-Eissoufflé

Für dieses leicht herbe, aber nicht minder luftige Eissoufflé können Sie fast das gleiche Rezept verwenden wie vom abgebildeten Orangen-Eissoufflé. Sie müssen nur den Orangensaft und den Cointreau durch ¼ l bereits gesüßten, starken Mokka und 2 cl Mokkalikör (Tia Maria) ersetzen. Unter die Eigelbmasse rühren und das Rezept genauso weiter zubereiten. Das Mokka-Eissoufflé ebensolange frieren.
Dieses Soufflé schmeckt übrigens ganz besonders fein mit heißer Sauerkirschsauce. Die Früchte von 1 Glas Sauerkirschen (Einwaage 450 g) ablaufen lassen. Den Saft mit 80 g Zucker und 1 Messerspitze Zimt aufkochen, mit 2 Teelöffeln angerührter Speisestärke binden und die Kirschen dazugeben. Heiß zum Eissoufflé servieren.
Die Menge ergibt 8 Portionen.

Feine Eisdesserts

Sahneeis »Fürst Pückler«

Im Bild vorne

Eisdesserts wie Sahneeis oder Eisparfait sind ein idealer Nachtisch. Man kann sie leicht selbst herstellen und sie lassen sich in der Tiefkühltruhe problemlos lagern.

Zutaten für 10–12 Portionen
(eine Kastenform von
1½ l Inhalt):
⅝ l Sahne (650 g)
150 g Puderzucker
120 g Erdbeeren
½ Vanilleschote
75 g bittere Schokolade
Zum Garnieren:
⅛ l Sahne · 1 Eßl. Zucker
Erdbeeren

Zubereitungszeit: 35 Minuten
Gefrierzeit: zweimal 15–20 Minuten und etwa 12 Stunden (über Nacht)

Die Sahne mit dem Puderzucker steif schlagen und zu gleichen Teilen in drei gut gekühlte Schüsseln geben.
Für die erste Schicht die Erdbeeren pürieren und unter ein Sahnedrittel rühren. Eine Kastenform mit Alufolie auslegen, die Erdbeersahne einfüllen und sorgfältig glattstreichen. Im Gefriergerät 15–20 Minuten anfrieren lassen. In der Zwischenzeit ein zweites Drittel Sahne mit dem Mark der halben Vanilleschote verrühren. Die Vanillesahne auf die Erdbeersahne füllen und ebenfalls glattstreichen. Wieder 15–20 Minuten anfrieren lassen.
Für die letzte Schicht die bittere Schokolade im Wasserbad zerlaufen lassen und (sie soll nur noch lauwarm sein) unter die restliche Sahne rühren. Die Schokoladensahne auf die leicht angefrorene Vanillesahne füllen und glattstreichen. Das Sahneeis möglichst über Nacht frieren lassen.
Das Sahneeis aus der Form stürzen und die Folie abziehen. Für die Garnierung die Sahne mit dem Zucker steif schlagen, die Oberfläche damit dekorieren und mit den Erdbeeren belegen.
Soll ein Teil des Fürst-Pückler-Eises in der Tiefkühltruhe aufbewahrt werden, dann ungarniert in Folie wickeln.

Walnußparfait

Im Bild hinten

Zutaten für etwa 8 Portionen
(eine Rehrücken- oder
Kastenform von 1 l Inhalt):
80 g Zucker
120 g grobgehackte Walnüsse
Öl zum Bestreichen des
Backblechs
0,2 l Milch · ½ Vanilleschote
4 Eigelbe · 80 g Zucker
50 g Bienenhonig
2 cl Limetten- oder Zitronensaft
0,3 l Sahne

Zubereitungszeit: 30–40 Minuten
Gefrierzeit: über Nacht

80 g Zucker in eine Kasserolle geben und bei guter Hitze schmelzen lassen. Sobald er am Rand anfängt flüssig zu werden, mit einem Holzspatel rühren, bis er hellbraun ist. Dann die Walnüsse hineingeben und nochmals gut durchrühren. Ein Backblech leicht mit Öl bestreichen, die Nußmasse daraufschütten und erkalten lassen. Wenn die Nüsse zusammenhängen, muß man sie nochmals hacken.
Die Milch mit der längs aufgeschnittenen Vanilleschote einmal aufkochen. Die Eigelbe mit 80 g Zucker, dem Honig und dem Limetten- oder Zitronensaft cremig rühren. Die Vanilleschote entfernen und die heiße Milch langsam unter die Eicreme rühren. Die Mischung nochmals bis kurz vor dem Kochen erhitzen wie es auf Seite 9 (Vanillesauce) beschrieben ist, dann vollständig abkühlen lassen.
Die Sahne steif schlagen und zusammen mit den gehackten Walnüssen unter die Vanillecreme rühren. Die Masse in eine Rehrücken- oder Kastenform füllen (man kann sie vorher mit Folie auslegen) und im Gefriergerät möglichst über Nacht durchfrieren lassen.
Ist die Creme ohne Folie eingefüllt worden, dann muß sie vor dem Stürzen kurz bis zum Rand in heißes Wasser getaucht werden.

Eisparfait im Baisermantel

Im Bild vorne

Zutaten für 6–8 Portionen
(eine Rehrückenform
von 1 l Inhalt):
¼ l Orangensaft
(von etwa 3 Früchten)
150 g Zucker
50 g eingelegte Ingwerpflaumen
2 Eigelbe
50 g Zucker
½ l Sahne
2 cl Cointreau (Orangenlikör)
Zum Bestreuen und Besieben:
2 Baiserschalen (fertig gekauft)
1 Eßl. Kakao

Zubereitungszeit: 35–40 Minuten
Gefrierzeit: über Nacht

Den Orangensaft mit dem Zucker zum Kochen bringen und bis zu ¼ Liter einkochen lassen. Den Ingwer abtropfen lassen, feinhakken und in den Saft geben. Darin abkühlen lassen. Die Eigelbe mit dem Zucker schaumig rühren. Die Sahne steif schlagen. Den abgekühlten Orangensaft mit der Eigelbmasse verrühren und die steifgeschlagene Sahne zusammen mit dem Cointreau unterziehen.
Die Rehrückenform mit Klarsichtfolie auslegen, die Masse einfüllen und die Oberfläche glattstreichen. Über Nacht im Tiefkühlgerät durchfrieren lassen.

Vor dem Servieren das Eisparfait aus der Form stürzen und die Folie abziehen. Die Baiserschalen zerbröseln und die Oberfläche mit den Bröseln bestreuen. Mit Kakao besieben und in Portionsstücke schneiden.

Baiser-Schwäne mit Eisparfait

Im Bild hinten

Zutaten für etwa 12 Schwäne:
¼ l Eiweiß (von 8 Eiern)
250 g Zucker
200 g Puderzucker
30 g Speisestärke

Zubereitungszeit: etwa 40 Minuten
Backzeit: etwa 3 Stunden
Trockenzeit: über Nacht

Das Eiweiß zunächst ohne Zucker leicht aufschlagen, bis es locker und weiß ist. Dann 200 g Zucker nach und nach langsam einrieseln lassen. In gleichmäßigem Tempo weiterschlagen, bis der Schnee schnittfest ist. Dann den Puderzucker mit der Speisestärke auf ein Papier sieben, mit dem restlichen Zucker mischen und auf den Eischnee schütten. Mit einem Kochlöffel vorsichtig darunterziehen, bis die Masse glatt ist.
Die Schwäne auf der Rückseite eines Pergamentpapiers mit Bleistift vorzeichnen. Dafür 12 Hälse mit Kopf in S-Form und 24 Flügel

aufzeichnen. Das Papier mit den Zeichnungen nach unten auf ein Backblech legen. Damit es nicht verrutscht, an den Ecken mit etwas Eischnee am Blech ankleben. Die Baisermasse in einen Spritzbeutel mit Lochtülle Nr. 5 füllen und die einzelnen Teile auf das Papier spritzen. Bei den Halsstükken zuerst den Schnabel tropfenförmig aufspritzen, dann den Kopf und den Hals in einem Schwung S-förmig darüber. Die Flügel nach eigener Phantasie in mehreren Schwüngen aufspritzen.
Die Schwäne im vorgeheizten Backofen bei 120 °C etwa 3 Stunden backen. Dabei muß die Ofentür einen Spalt offenbleiben. Nach der Backzeit im abgeschalteten Ofen noch über Nacht trocknen lassen.
Zum Anrichten je eine Scheibe Orangen-Eisparfait auf Dessertteller setzen, auf einer Schmalseite den Baiser-Hals hineinstecken und die beiden Flügel an die Schnittflächen andrücken. Mit Schokoladensauce (Rezept Seite 13) servieren.

Alphabetisches Rezeptregister

Äpfel im Schlafrock 50
Apfelgrütze mit roten Stachelbeeren 38
Apfelküchle 52
Apfelstrudel 60
Aprikosen in Weißwein 40
Aprikosenpalatschinken 70

Baiser-Schwäne mit Eisparfait 92
Bayerische Creme »Erdbeer« 22
– »Schokolade« 22
Birnen, eingebackene 50
Böhmische Liwanzen 54
Bratäpfel, gefüllte 52

Creme au caramel 19
–, englische 9
– »Erdbeer«, bayerische 22
–, Erdbeer-Joghurt- 32
–, Orangen-Joghurt- 32
–, Orangen-Wein- 24
–, Pfirsich-Quark 34
– »Schokolade«, bayerische 22
Cremes 18
Cremetöpfchen, Krokant- 20
–, Schokoladen- 20
–, Vanille- 20
Crêpes 62
Crêpes-Grundrezept 67
Crêpes mit Ahornsirup und Walderdbeeren 68
– mit Himbeer-Orangen-Sauce 68
– Suzette 68

Dessertsaucen 8
Dukatenbuchteln 56

Echte Vanillesauce 9
Eierkuchen 62
Eingebackene Birnen 50
Eis, Himbeerkompott mit 82
Eisdesserts 82
Eisparfait, Baiser-Schwäne mit 92
– im Baisermantel 92
Eissoufflé, Erdbeer- 88
–, Orangen- 88
Englische Creme 9
Erdbeercharlotte 36

Erdbeer-Eissoufflé 88
Erdbeer-Joghurt-Creme 32
Erdbeersauce 13

Feige, Komposition mit Kaki und 43
Flammeris 14
Französischer Sabayon 10
Fruchtsorbets 84
Früchte mit Schokoladensauce 42

Gebundene Vanillesauce 9
Gefüllte Bratäpfel 52
– Pfirsiche mit Mandelsauce 46
Gewürzpudding 78
Granité von Walderdbeeren 86
Granités 86
Grießflammeri mit Traubenkompott 16
Grütze mit Sahne, rote 38

Heiße Himbeersauce 13
Himbeerkompott mit Eis 82
Himbeer-Orangen-Sauce, Crêpes mit 68
Himbeersauce, heiße 13
Historisches 7

Ingwerschaum, Walnußeis auf 82
Italienischer Zabaione 10

Joghurt 30
Joghurt-Creme, Erdbeer- 32
–, Orangen- 32
Johannisbeersorbet 84

Kaffeecreme mit Schaumblümchen 28
Kaiserschmarren 72
Kaki und Feige, Komposition mit 43
Karamelflammeri 14
Kirscheis, Obstsalat mit 82
Kiwi-Salat in Rotweinsauce, Papaya- 42
Kiwisorbet 84
Knödel 62
Kokosnußsorbet 84
Komposition mit Kaki und Feige 43
Krokant-Cremetöpfchen 20

Limetten- oder Zitronencreme mit Ingwer 34
Liwanzen, böhmische 54

Mandelsauce, gefüllte Pfirsiche mit 46
Marillenknödel 64
Melonensalat 42
Mini-Obsttörtchen 48
Mohnbuchteln 56
Mohnfüllung 56
Mousse au chocolat 26

Nachspeisen, warme 50
Nockerln auf Kompott 76
– mit Preiselbeerkompott 76
–, Salzburger 76
Nougatsauce, Vanilleeis-Baiser mit 46

Obstdesserts 36
Obstsalat mit Kirscheis 82
– mit Orangensauce 43
Obstsalat-Variationen 42
Obsttörtchen, Mini- 48
Österreichisches Weinchaudeau 10
Orangen-Eissoufflé 88
Orangen-Joghurt-Creme 32
Orangensauce, Obstsalat mit 43
Orangen-Wein-Creme 24

Papaya-Kiwi-Salat mit Rotweinsauce 42
Pfefferkuchenpudding 80
Pfefferminzgranité 86
Pfirsiche in Rotwein 40
– mit Mandelsauce, gefüllte 46
Pfirsich-Quark-Creme 34
Powidlknödel 62
Powidltascherln 64
Praktisches 7
Preiselbeerfüllung 54
Preiselbeerkompott, Nockerln mit 76
Preiselbeersauce, Schokoladenpudding mit Schlagsahne und 78
Pudding 74
–, sächsischer 80

Alphabetisches Rezeptregister

Quark 30
Quark-Creme, Pfirsich- 34
Quarkfüllung 54
Quarkknödel 62

Reis Trauttmansdorff mit Erdbeeren
  16
Rhabarberkompott mit
  Mandelbaiserhaube 40
Rote Grütze mit Sahne 38
Rotweincreme 24
Rotweingranité mit Früchten 86
Rotweinsauce, Papaya-Kiwi-Salat
  mit 42

Sabayon, französischer 10
Sächsischer Pudding 80
Sahneeis »Fürst Pückler« 90
Salzburger Nockerln 76
Savarins 58

Schaumblümchen, Kaffeecreme mit
  28
Schaumomelette mit Kirschen 72
Schokoladencreme 28
Schokoladen-Cremetöpfchen 20
Schokoladenflammeri 14
Schokoladenpalatschinken 70
Schokoladenpudding mit Schlag-
  sahne und Preiselbeersauce 78
Schokoladensauce, Früchte mit 42
–, warme 13
Schokoladenschaum mit
  Orangenfüllung 26
– mit Sauerkirschen 26
Schokoladensoufflé 75
Soufflé 74

Tirami su 30
Topfenpalatschinken 70
Traubenkompott, Grießflammeri mit
  16

Vanilleäpfel 52
Vanille-Cremetöpfchen 20
Vanilleeis-Baiser mit Nougatsauce 46
Vanilleflammeri 14
Vanillesauce, echte 9
–, gebundene 9
– oder »Englische Creme« 9
Vanillesoufflé 75

Walnußeis auf Ingwerschaum 82
Walnußparfait 90
Warme Schokoladensauce 13
Weinchaudeau, österreichisches 10
Wein-Creme, Orangen- 24
Weinschaumsauce 10

Zabaione, italienischer 10
Zitronencreme mit Ingwer, Limetten-
  oder 34
Zuppa inglese 30
Zwetschgenröster 62

Christian Teubner
ist seit vielen Jahren vielbeschäftigter gastronomischer Fotograf. In seinem Studio für Lebensmittelfotografie entstehen Meisterwerke kulinarischer Aufnahmen, und aus seiner Probeküche kommen verlockende Kreationen von neuen Rezepten. Christian Teubners Arbeiten sind in ganz Europa ein Begriff, denn wo es um Küche und Keller geht – ob Buch, Plakat, Film oder Zeitschrift – erkennt man seine »Handschrift«.

CIP-Kurztitelaufnahme der Deutschen Bibliothek

Teubner, Christian:
Desserts: d. neue Bildkochbuch – jedes Rezept mit Farbfoto / Christian Teubner. – München: Gräfe und Unzer, 1984.

ISBN 3-7742-5221-1

1. Auflage 1984
© Gräfe und Unzer GmbH, München

Farbfotos: Christian Teubner
Redaktion: Antje Schunka
Einbandgestaltung: Heinz Kraxenberger
Satz und Druck: Georg Appl
Reproduktion: Brend'amour, Simhart & Co.
Bindung: Großbuchbinderei Monheim

ISBN 3-7742-5221-1

Farbfotos auf dem Einband:
Vorderseite: Bayerische Creme, als Variante mit feingehackten Pistazien in der Füllung, mit Schokoladensauce (Rezepte Seite 13 und 22); im Hintergrund rote Grütze mit Sahne (Rezept Seite 38).
Rückseite: oben, von links nach rechts: Erdbeercharlotte (Rezept Seite 36), Marillenknödel und Powidltascherln (Rezepte Seite 64), Vanilleäpfel und Apfelküchle (Rezepte Seite 52).
Unten, von links nach rechts: Französischer Sabayon und italienischer Zabaione (Rezepte Seite 10), Joghurt-Frucht-Dessert und Limettencreme mit Ingwer (Rezepte Seite 34), Vanille-, Schokoladen- und Krokant-Cremetöpfchen (Rezepte Seite 20).